Gerhard Zieglgänsberger
Hans Röper

Die Selketalbahn

3., bearbeitete und ergänzte Auflage

transpress
VEB Verlag für Verkehrswesen
Berlin 1989

Das Titelbild zeigt die 99 5902 und die 99 5904 bei der Ausfahrt aus Alexisbad: links in Richtung Straßberg, rechts in Richtung Harzgerode. Foto: Frenzel, 1979

Die Wappenzeichnung auf dem Rücktitel ist dem Lexikon „Städte und Wappen der DDR" entnommen; der Abdruck erfolgt mit freundlicher Genehmigung des VEB Verlag Enzyklopädie, Leipzig.

Zieglgänsberger, Gerhard:
Die Selketalbahn / Gerhard Zieglgänsberger; Hans Röper. — 3., bearb. u. erg. Aufl.
Berlin: Transpress, 1989. — 160 S.:
230 Abb., 13 Tab.
(Transpress-Verkehrsgeschichte)
NE: 2. Verf.:

ISBN 3-344-00305-4

© 1980 by transpress VEB Verlag für Verkehrswesen
Französische Straße 13/14, Berlin 1086
3., bearbeitete und ergänzte Auflage 1989
VLN 162-925/98/89
LSV 3819
Einband: Günter Nitzsche
Typografie: Karin Döring
Printed in the German Democratic Republic
Gesamtherstellung: Mühlhäuser Druckhaus
567 300 6
01280

Vorwort

Nachdem die beiden vorangegangenen Auflagen dieses Buches schnell vergriffen waren, sahen wir uns veranlaßt, eine dritte Auflage vorzubereiten. Das war um so mehr gerechtfertigt, da mit dem endgültigen Wiederaufbau der Selketalbahn Betriebsbedingungen entstanden, die auch für eine Schmalspurbahn völlig neu sind. Ferner sind uns inzwischen durch weitere Quellen und viele Zuschriften bisher unbekannte Fakten vermittelt worden, die in die Neuauflage aufgenommen werden konnten.

In dem vorliegenden Buch wird die älteste Harzer Schmalspurbahn beschrieben, die noch heute in romantischer und beschaulicher Weise mit dampfbetriebenen Zügen die Fahrgäste in die Berge des Unterharzes bringt. Fernab von den stark belasteten Fernverkehrsstraßen nimmt die Bahn ihren Weg durch Wälder und Wiesen.

Zur Einstimmung unternehmen wir eine Fahrt mit der Selketalbahn. In diesem Kapitel lernen wir die Strecke kennen, die diese Schmalspurbahn zurücklegt. Dann wird die Geschichte der Bahn erzählt. Den Spezialisten, den Freunden der Eisenbahn und den Modelleisenbahnern geben Gleispläne und Fahrdienstvorschriften einen Einblick in die Schmalspurbahntechnologie. Für die Modelleisenbahner bieten Maßskizzen von alten Fahrzeugen der Bahn Vorlagen und Anregungen zum Nachbau.

Das Sammeln von Unterlagen zur Geschichte der Bahn erforderte großen Zeitaufwand. Das Hauptverwaltungsgebäude der Anhaltischen Landeseisenbahngemeinschaft brannte bei einem Luftangriff 1945 vollständig aus, so daß zusammenhängende Darstellungen über die Selketalbahn nicht mehr existieren. Deshalb mußten Teile der Bahngeschichte meist aus Geschäftsberichten und stückweise aus verschiedenen Archiven zusammengetragen werden. Berichte älterer Eisenbahner ergänzen diese Zusammenstellung. Wir hoffen, daß wir allen Freunden der Eisenbahn hiermit einen Beitrag zur Eisenbahnhistorie vorlegen können. Den Erbauern der Bahn und den Eisenbahnern, die sie bisher betrieben haben, sei diese Schrift gewidmet.

Die Autoren

Inhalt

1. „Einmal Gernrode – Harzgerode, bitte!"

Gernrode, um 960 als Nonnenkloster von Markgraf Gero gegründet, zwischen 200 und 300 m über dem Meeresspiegel gelegen, besitzt vermutlich seit 1539 Stadtrecht. Der Luftkurort am Ostrand des Harzes mit seinem milden Klima lebt von der Holzwarenindustrie, ist bekannt durch Polsterwaren und Harzer Schmuckwaren. Die 5 000 Einwohner erhalten viel touristischen Besuch, dem es nicht nur um die Wälder und Höhen des Harzes geht, auch die Stiftskirche ist ein beliebtes Ziel. Sie ist der älteste als Ganzes erhaltene ottonische Kirchenbau Norddeutschlands und beherbergt in seinen Mauern „Das Heilige Grab", ein Meisterwerk spätottonischer Plastik.

Im Jahre 1885 wurde Gernrode über die Eisenbahnstrecke Quedlinburg—Frose mit der Welt verbunden, und seit 1887 hat Gernrode neben dem „Hauptbahnhof" noch einen „Nebenbahnhof", den Ausgangspunkt der 1000-mm-Schmalspurstrecke Gernrode—Harzgerode. Die ehemalige Gernrode-Harzgeroder Eisenbahn, bekannter unter dem Namen: Selketalbahn, zählt zu den Einrichtungen, die lt. Verfügung des Ministeriums für Verkehrswesen als Technisches Denkmal in der DDR erhalten bleiben. So haben wir heute das ausgesprochene Vergnügen, am Fahrkartenschalter des Empfangsgebäudes den Satz sprechen zu können, der diesem Kapitel die Überschrift gab.

Dabei hätte der Satz auch anders lauten können, denn ein Blick in den Fahrplan und auf die Übersichtskarte zeigt uns, daß die Bahn noch weiter in den Harz hinein führt, als es ihrem einstigen Namen entspricht. Folglich haben wir nach der 17,5 km langen Fahrt bis Harzgerode noch eine ansehnliche Harzreise vor uns, um die gesamte Strecke kennenzulernen.

Wenn es uns zunächst verwundert, daß nicht das Empfangsgebäude (Neubau 1928), sondern der Lokomotivschuppen mit Werkstatt und Triebwagenschuppen die repräsentativsten Gebäude im Bereich des Bahnhofs Gernrode sind, so umfängt uns beim Betreten des Bahnsteigs die Romantik der Schmalspurbahn und verdrängt bald alle anderen Überlegungen. Sorgsam aufgereiht stehen hier eine Dampflokomotive, ein zweiachsiger Gepäckwagen, zwei oder drei Reisezugwagen. Güterwagen sind seit Aufnahme des Güterverkehrs mit Rollwagen selten zu sehen. Der kleine Packwagen wird vollgestopft mit Reisegepäck und Expreßgut. Früher gab man auch noch die Post mit; das ist aber zu umständlich geworden. Und so erreichen heute Briefe, Zeitungen und Pakete den Empfänger über das Postauto.

Steigen wir ein. Die Personenwagen sind fast vollständig besetzt. Sie erscheinen uns wesentlich kleiner als die Wagen der Regelspurbahn, obwohl sie nur 40 cm schmaler sind. Wenn der „Mann mit der roten Mütze" das Abfahrsignal gibt, stehen schon die ersten Reisenden auf den Einsteigbühnen der Wagen, bewaffnet mit ihren Fotoapparaten. Stampfend und zischend zieht die Lokomotive den Zug aus dem Bahnhof, überquert die Ballenstedter Fernverkehrsstraße und fährt uns durch Obstplantagen und Gärten den Bergen entgegen.

Links vom Gleis sehen wir einen Höhenzug, die mit Kiefern bestandene Alteburg, auch die „Gernroder Alpen" genannt. Nach wenigen Minuten ist der Wald erreicht. Unser Blick streift den Osterteich, an dem sich der erste Bedarfshaltepunkt unserer Bahn befindet. Er ist erst 1984 wieder eingerichtet worden, damit Badelustige, Anwohner und Feriengäste der nahegelegenen Heime ihren Weg von Gernrode her verkürzen können. Oft ist auch der Ostergrund das Wanderziel der Aussteigenden. Hier hält der Zug nur, wenn sich die Reisenden zum Aussteigen vorher beim Zugschaffner gemeldet bzw. sich dem Personal des nahenden Zuges rechtzeitig bemerkbar gemacht haben.

Nach der Weiterfahrt spürt man bald, daß die

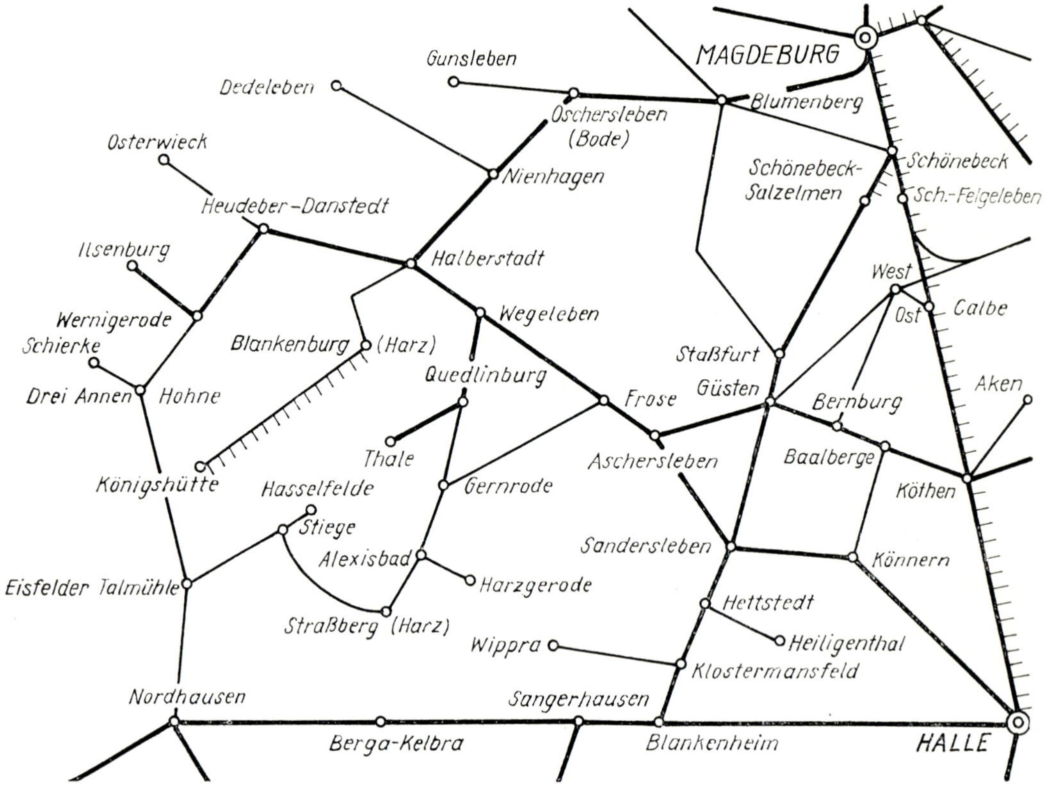

Bild 1.1. Streckenverlauf der Selketalbahn.   Quelle: Übersichtskarte zum Taschenfahrplan der Rbd Magdeburg

Lokomotive den Zug ständig bergauf führt, denn links in Fahrtrichtung blickt man tief in das Tal des Ostergrundes mit dem Wellbach. Die Strecke verläuft nun am Berghang entlang, weil hier eine gleichmäßige Neigung geschaffen werden konnte, die der natürliche Talboden nicht bietet. Außerdem sind die Talsohlen zu feucht, sie neigen zu Wasserstürzen und können deshalb den Bahnkörper nicht aufnehmen. Die Streckenbauarbeiten am Berghang erforderten allerdings einen enormen Arbeitsaufwand: Teilweise mußte das Planum in die Felsen eingearbeitet werden. Die Neigung der Strecke beträgt maximal 40 $^0/_{00}$, das ist auf 1 000 m Länge eine Höhendifferenz von 40 m.

Inzwischen ist der Heiligen Teich (Teich der Heiligen Frau) erreicht. Die Bahn überquert auf einer kleinen Brücke einen Ausläufer des Teiches. Dieser Abschnitt hat besonders für Fotoliebhaber seine Reize; seit der Gründung der Bahn werden hier

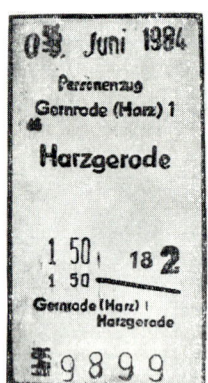

Bild 1.2.
Die Fahrkarte für unseren ersten Reiseabschnitt.

für Prospekte, Postkarten und Kalender bis in unsere Zeit unzählige Aufnahmen geschossen.
Nur kurze Zeit später sind wir am Haltepunkt

674 Gernrode (Harz) —Alexisbad— Harzgerode Hasselfelde — und zurück

Alle Züge 2. Klasse (Schmalspurbahn)

km	Rbd Magdeburg Zug Nr	14461	69711	69731	14451	14457	69723	69724	14465	69717	14459	14453	
0,0	Gernrode (Harz) 673 .... ab	6.13	7.40	10.05	10.40	...	...	..	13.49	14.25	...	16.35	...
1,5	Osterteich (u) x	6.19	7.46	10.11	10.46	...	...	..	13.55	14.30	...	16.41	...
5,7	Sternhaus-Haferfeld x	6.31	7.58	11.23	10.58	...	...	...	14.07	14.42	...	16.53	...
6,9	Sternhaus-Ramberg (413 m)(u)	6.36	8.03	10.28	11.03	...	...	...	14.12	14.47	...	x16.58	...
10,2	Mägdesprung (295 m)(u).......	6.48	8.15	10.44	11.15	...	...	...	14.24	15.03	...	17.22	...
11,7	Drahtzug x (u)	6.55	8.21	10.53	11.22	...	...	...	14.31	15.10	...	17.29	...
14,6	Alexisbad (325 m) .... an	7.04	8.30	11.02	11.31	...	12.55	...	14.40	15.19	...	17.38	...
14,6	Alexisbad ab	{	8.31		11.40	12.25	...	14.10		15.22	16.23	{	...
17,5	Harzgerode (400 m) an		8.41		11.50	12.35	...	14.20		15.32	16.33		...
14,6	Alexisbad ab	7.15	...	11.10	...	...	13.03	...	14.56	...	...	17.39	
17,8	Silberhütte (Anh)(u)(335 m)..	7.26	...	11.25	...	...	13.14	...	15.06	...	...	17.49	
21,8	Straßberg (Harz) 363 m (u) {an/ab}	7.39 / 7.40	...	11.39	...	...	13.28	...	15.19	...	...	18.02	
27,0	Güntersberge (420 m)(u) ...	7.50	...	...	...	...	...	...	15.28	...	...	...	
30,6	Friedrichshöhe (454 m)(u)....	7.58	...	...	...	...	...	...	15.35	...	...	...	
31,3	Albrechtshaus (467 m)(u)...	8.01	...	...	...	...	...	...	15.38	...	...	...	
35,7	Stiege (485 m) .... an	8.08	...	...	...	...	...	...	15.46	...	...	...	
	Stiege ab	...	...	...	...	...	...	...	15.48	...	...	...	
	Nordhausen Nord 678 an	...	...	...	...	...	...	...	17.16	...	...	...	
35,7	Stiege (485 m) s.a. ab	8.12	...	...	...	...	...	...	15.50	...	...	...	
40,3	Hasselfelde (452 m) 678 an	(2)	...	...	...	...	...	...	16.05	...	...	...	

km	Rbd Magdeburg Zug Nr	69712	14464	14452	69732	69723	69724	14448	69726	69716	14454	14466	
	Nordhausen Nord 678	...	...	...	...	...	...	...	...	...	...	...	
	Stiege	...	...	...	...	...	...	...	...	...	...	...	
0,0	Hasselfelde (452 m) s.a. ..	...	10.22	...	...	...	...	...	...	...	17.10	...	
4,6	Stiege (485 m) 678	...	10.38	...	...	...	...	...	...	...	17.26	...	
4,6	Stiege (485 m) ab	...	10.38	...	...	...	...	...	...	...	18.07	...	
9,0	Albrechtshaus (467 m)(u)..	...	10.48	...	...	...	...	...	...	...	18.16	...	
9,7	Friedrichshöhe (454 m)(u)..	...	10.51	...	...	...	...	...	...	...	18.20	...	
13,3	Güntersberge (420 m)	...	10.59	...	...	...	...	...	...	...	18.28	...	
		...	11.10	...	...	...	...	...	...	...	18.38	...	
18,5	Straßberg (Harz) (363 m)(u).. {an/ab}	...	11.11	...	11.57	...	13.38	...	...	...	18.12	18.39	...
22,5	Silberhütte (Anh)(u)....	...	11.24	...	12.11	...	13.52	...	...	...	18.25	18.54	...
25,7	Alexisbad (325 m) an	...	11.34	...	12.21	...	14.02	...	...	...	18.36	19.04	...
0,0	Harzgerode (400 m).... ab	8.50	{	11.59		12.45	(1)	14.33	15.49	16.47	{	...	
2,9	Alexisbad an	9.00		12.09		12.55	...	14.43	15.59	16.57		...	
25,7	Alexisbad .... ab	9.06	11.49	...	12.31	13.03	...	14.44	...	17.04	18.37	19.18	...
28,6	Drahtzug x	9.15	11.58	...	12.40	...	...	14.53	...	17.13	18.46	19.27	...
30,1	Mägdesprung (u)........	9.24	12.06	...	12.49	...	...	15.00	...	17.20	18.55	19.35	...
33,4	Sternhaus-Ramberg (u).....	9.34	12.21	...	13.02	...	...	15.12	...	17.32	19.05	19.46	...
34,6	Sternhaus-Haferfeld x (u)	9.39	12.25	...	13.07	...	...	15.16	...	17.37	19.10	19.51	...
38,8	Osterteich (u) x	9.53	12.38	...	13.20	...	...	15.28	...	17.49	19.22	20.03	...
40,3	Gernrode (Harz) 673 ...... an	9.57	12.44	...	13.26	...	...	15.34	...	17.55	19.28	20.09	...

(1) nach Harzgerode (2) nach Eisfelder Talmühle

Bild 1.3. Nach fast vier Jahrzehnten wieder ein durchgehender Fahrplan für die Selketalbahn (Sommer 1984).

Bild 1.4. Beleg für die einstmalige Postbeförderung auf der Gernrode-Harzgeroder Eisenbahn.   *Sammlung Frenzel*

Sternhaus-Haferfeld (381 m). Nur wenige Fahrgäste steigen aus, und rasch kann der Zugschaffner das Abfahrsignal erteilen. Ein Stationsschild und die Bahnsteigkante sind die einzigen bahntechnischen Anlagen; nicht einmal eine Wartehalle gibt es.

Gleich nach der Abfahrt kreuzt die Bahn die Straße Gernrode—Sternhaus. Das Tal weitet sich, aber das langgestreckte Rambergmassiv aus Granit ist noch nicht bezwungen. Deutlich ist zu hören, wie mühsam die Lokomotive den Zug dort hinaufbringt. Endlich ist die Höhe und damit der Bahnhof Sternhaus-Ramberg 413 m über NN erreicht. Nun kommt Bewegung in die Abteile. Eine größere Anzahl Reisender verläßt den Zug, neue Fahrgäste kommen hinzu. Hier, auf dem höchsten Punkt der Bahn im Unterharz, treffen sieben Wege und Straßen sternförmig aufeinander; sie führen unter anderem zum Campingplatz Bremer Teich, zur Viktorshöhe und zum ehemaligen Forsthaus Sternhaus mit Gaststätte. Der Bahnhof hat ein Kreuzungsgleis und eine Wartehalle.

Nach einigen Minuten Wartezeit, wird die Fahrt fortgesetzt. Jetzt geht es den Ramberg hinunter; wir befahren den steilsten Abschnitt der Strecke.

9

Bild 1.5. Schmalspurbahnhof Gernrode mit Zug in Richtung Harzgerode. Im Hintergrund rechts das Empfangsgebäude der KPEV/DR.
Foto: G. Zieglgänsberger, 1981

Das Bremsgeräusch untermalt nachhaltig die Talfahrt. Von der Bühne des letzten Reisezugwagens kann man gut beobachten, wie die Trasse der natürlichen Geländeform angepaßt ist.

Am Ende der Talfahrt grüßt uns links hoch oben die Ruine der Heinrichsburg. Die Bahn umfährt den Berg im weiten Bogen. Nun nähern wir uns der Straße nach Mägdesprung. Zweimal kreuzen wir sie, bevor der Bahnhof Mägdesprung erreicht ist. Hierbei muß das Lokomotivpersonal besondere Vorsicht walten lassen, denn die Wegübergänge sind unbeschrankt, jedoch mit einer Eckentafel ausgestattet, so daß der Zug beim Passieren dieser Tafel bereits der vorgegebenen Geschwindigkeitsbeschränkung (hier 10 km/h) entsprochen haben muß.

Mägdesprung hat im Verhältnis zum kleinen Ort ein ziemlich großes, zweigeschossiges Empfangsgebäude; doch der Bahnhof ist heute nicht mehr besetzt. Die gesamte Abfertigung übernimmt der Zugschaffner. Selbstverständlich können auf dem Bahnhof Züge kreuzen und überholen. Bis hierher hat die Fahrt 40 Minuten gedauert. Einige Fahrgäste haben den Zug nun verlassen und sich auf den Weg zur Selkemühle, zum ehemaligen Jagd-

haus Meiseberg oder in das Krebsbachtal gemacht. Unser Zug fährt indes im großen Bogen um den Ort und gelangt jetzt in das hier sehr enge Selketal. Unmittelbar links neben dem Gleis verläuft die Straße nach Alexisbad, und den Straßengraben bildet bereits die Selke. Schon weitet sich das Tal wieder ein wenig, der Zug fährt in einer scharfen Rechtskurve am Berghang entlang. Der Bau der Strecke durch das enge Selketal erforderte mehrere Felsdurchbrüche, um den kleinsten befahrbaren Kurvenradius einhalten zu können. Obwohl unser Reisezugwagen Drehgestelle hat und somit den Gleiskrümmungen gut zu folgen vermag, verspürt man deutlich die Kurvenfahrt.

Wir halten am Bedarfshaltepunkt Drahtzug. Zwei Wanderer haben durch Winken bekundet, daß sie einsteigen möchten.

Kurvenreich setzt sich die Fahrt fort. Felsdurchbrüche und Aufschüttungen kennzeichnen die Strecke. Links begleiten uns die Selke und die Straße, übertürmt von hohen und felsigen Berghängen. Schon tauchen die ersten Häuser von Alexisbad auf. Die Bahn zwängt sich förmlich in den Ort hinein und führt dicht am Flüßchen entlang zum Bahnhof, der am Ortsausgang nach

Bild 1.6. Der neu eingerichtete Haltepunkt Osterteich.   Foto: G. Zieglgänsberger, 1984

Harzgerode liegt. Wir passieren noch einige Weichen und halten dann vor dem zweigeschossigen Empfangsgebäude. Viele Fahrgäste steigen aus; hier ist das Touristenzentrum des Selketales.
Da unsere Lokomotive Wasser nehmen muß, haben wir etwas Zeit, uns umzusehen.
Der Bahnhof ist verhältnismäßig groß. Allein drei Bahnsteiggleise sind vorhanden und werden auch, je nach Fahrplan, gleichzeitig von Zügen besetzt. Weitere Lade- und Abstellgleise ermöglichen einen regen Rangierbetrieb.
Freunde der Schmalspurbahn aus vielen Ländern reisen nach Alexisbad, um sich diese Anlage anzusehen, die im besten Sinne des Wortes ein eisenbahntechnisches Freilichtmuseum darstellt.
Allerdings gab es 1983 einen starken Einschnitt in die Technologie des Betriebsablaufes, als der Abschnitt Straßberg—Stiege wieder ein Gleis erhalten hatte und damit durchgehender Verkehr zur Harzquerbahn möglich geworden war. Der Güterverkehr läuft seitdem fast ausschließlich von Nordhausen über Stiege bis Alexisbad mit regelspurigen Wagen auf meterspurigen Rollwagen.

Ein Rollwagenverkehr von Gernrode ist wegen der vielen Felsdurchbrüche, die das Lichtraumprofil einschränken, nicht möglich.
Wir steigen zur Weiterfahrt ein. Die Selke wird auf einer kleinen Brücke überquert. Das Läuten und Pfeifen der Lokomotive kündigt an, daß die Fernverkehrsstraße nach Harzgerode passiert werden soll. Nun muß unser Zug wieder in einer größeren Steigung die Hochebene erklimmen. Abermals lehnt sich das Gleis eng an den Berghang. Hier mußte 1984 etwas „Luft" gemacht werden; der Einsatz von 1'E1'-Lokomotiven und Rollwagen verlangte mehr Platz und weniger enge Krümmungen.
Das Empfangsgebäude des Bahnhofs Harzgerode ist den anderen zweigeschossigen Bauten der Bahn ähnlich. Auf dem Bahnhof war früher ständig eine Lokomotive stationiert, man sieht noch die Reste des Lokschuppens; ferner fällt die verhältnismäßig große Ladestraße auf. Hier endete die erste Strecke der GHE. Das Gebiet weiter in Richtung Südharz war verkehrstechnisch damals nicht erschlossen. Eine Berliner Firma wollte des-

11

Bild 1.7. An der Heiligen Teich.   Foto: Fiebig †, 1973

kaiserliche Jagdhöfe wie Siptenfelde wurden angelegt, und Städte wie Harzgerode entstanden. Auch für Naturfreunde sind Seltenheiten in Flora und Fauna zu finden. Die seltene, geschützte Wildkatze lebt im unteren Selketal, man wird sie aber kaum zu sehen bekommen. Dagegen kann man mit etwas Glück von der Bahn aus einige Mufflons beobachten, Wildschafe aus Korsika, die um die Jahrhundertwende im Selketal ausgesetzt wurden und sich gut akklimatisiert haben.
Unmittelbar in Bahnhofsnähe, jenseits der Selke, erhebt sich ein hoher Felsen, auf dem ein alter Zeuge des Eisenkunstgusses aus dem Jahre 1845 bewundert werden kann: die „Verlobungsurne". Von diesem hohen Aussichtspunkt lassen sich die Strecken der Selketalbahn gut beobachten. Deutlich sind die beiden Gleise nach Harzgerode mit der Selkebrücke und die Gleisanlage, die nach Silberhütte führt, zu erkennen. Klein und filigran wie eine Modellbahnanlage wirkt die Bahn aus dieser Höhe.

Von Alexisbad nach Hasselfelde

Der Zug in Richtung Hasselfelde steht auf dem Gleis 2. Die Fahrt geht im Selketal weiter. Zur linken Seite erstreckt sich ein langer Berghang, das Badeholz, an dem sich früher ein Steinbruch befand. Zu diesem verlegte einst die Gernrode-Harzgeroder Eisenbahn ein Anschlußgleis.
Alsbald erreichen wir die ersten Gebäude des VEB Pyrotechnik in Silberhütte. Wenn zu Sylvester oder anderen festlichen Anlässen Raketen und Prachtfeuerwerke emporsteigen oder Schiffe Signalraketen abschießen, dann dürften diese Leuchtkörper wohl hier im Selketal angefertigt worden sein.
Auch eisenbahntechnisch ist das Werk bereits einmal spektakulär hervorgetreten. Im Jahre 1928 führte Max Valier Versuche an Fahrzeugen mit Raketenantrieb aus. Da Valier selbst nicht über die erforderlichen Geldmittel verfügte, mußte er sich Interessenten in der Industrie suchen. Zunächst wandte er sich an Fritz von Opel, der mit raketengetriebenen Kraftwagen bei Rüsselsheim eine Geschwindigkeit von 100 km/h erreichte, die er bei Versuchen auf der Berliner Avus am 23. Mai 1928 auf 230 km/h steigern konnte.
Opel wollte die Versuche Valiers als Reklame für sein Werk verstanden wissen, woran dieser nicht sonderlich interessiert war. So suchte Valier einen anderen Interessenten, und fand ihn in Meyer-

halb 1899 eine ebenfalls meterspurige Anschlußbahn von Harzgerode über Leimbach bis Wippra bauen. Auch in den 20er Jahren plante man, die Strecke bis nach Schielo zu verlängern, sogar eine regelspurige Bahn von Alsleben (Saale) über Sandersleben nach hier war 1928 im Gespräch. Alle Vorhaben blieben aber in der Planung stekken. Heute befindet sich in unmittelbarer Bahnhofsnähe ein Busbahnhof, zu dem noch die GHE den Grundstein legte.
Die Lokomotive setzt um. Es wird Zeit, eine neue Fahrkarte zu lösen, um von hier aus die wenigen Kilometer zurück bis Alexisbad und dann weiter nach Hasselfelde fahren zu können. Nach kurzer Talfahrt heißt es dann Umsteigen in Alexisbad. Hier bilden Landschaft, Ortschaft und Eisenbahn eine Einheit. Alles ist organisch ineinandergewachsen. Die Gegend ist uraltes Kulturgebiet und wurde vor 1 000 Jahren durch Mönche kolonisiert,

Bild 1.8. Bahnhof Sternhaus-Ramberg. Das Wartehäuschen hat einen Güterwagen der Erstausstattung zum Ursprung.
Foto: G. Zieglgänsberger, 1981

Hellige, dem Inhaber der Eisfeld-Werke für Pyrotechnik in Silberhütte.

Unter strenger Geheimhaltung wurde in Silberhütte ein Schienenraketenwagen gebaut, der am 26. Juni 1928 als Eisfeld-Valier RAK I zwischen Stiege und Eisfelder Talmühle unter Teilnahme vieler Zuschauer und Filmleute der UFA zur Probefahrt startete.

Das „Quedlinburger Blatt" beschreibt in einer Reportage über dieses Ereignis den Schienenraketenwagen als leichte Holzkonstruktion auf Eisenbahnrädern, der bei einer Länge von 2,80 m etwa 50 kg Masse hatte. Gegen 11 Uhr gab Ingenieur Valier das Startzeichen. Die erste Fahrt dauerte nur zwei Sekunden, dann folgte die zweite Fahrt, die ebenfalls gut verlief. Der Wagen raste unter Zischen mit einem Feuerstrahl am Heck auf den Schienen dahin.

Der dritte Start erfolgte mit dreifacher Ladung. Die Zündung verlief planmäßig in Stufen; aber dann wurde ein Schienenstoß dem Wagen zum Verhängnis, er entgleiste und ging in Trümmer.

Die Zeitnehmer hatten eine Geschwindigkeit von 210 km/h gemessen! Die Versuche wurden dann auf der Halberstadt-Blankenburger Eisenbahn fortgesetzt. Der neue Wagen war regelspurig, wog 275 kg, war sechs Meter lang und hatte einen Radstand von fünf Metern. In ihm konnten 36 Raketen von je 3,8 kg mit etwa 2 000 N Schubkraft untergebracht werden. Die Fahrtstrecke betrug teilweise bis 800 m. Der neue Wagen erreichte eine Höchstgeschwindigkeit von 253 km/h. Er hatte Räder mit Aluminiumspeichen, die aber infolge Überlastung beim zweiten Versuch zersprangen. Valier kam 1930 bei der Explosion einer Flüssigkeitsrakete ums Leben.

Indes verdankt Silberhütte seinen Namen nicht silberfarbenen Raketentriebwerken, sondern den Erzvorkommen dieser Gegend. Heute nicht mehr abbauwürdig, verschafften sie bis zum ersten Weltkrieg vielen Menschen Arbeit und Brot. Solchen Blei-, Silber- und Eisenerzschächten im benachbarten Neudorf verdankt auch eine 5 km lange 750-mm-Stichbahn ihr Entstehen. Ursprünglich

13

Bild 1.9. Bahnhof Mägdesprung, Empfangsgebäude.   *Foto: G. Zieglgänsberger, 1981*

Bild 1.10.
Mägdesprung. Jagdszene aus Eisen-
kunstguß, hergestellt am Ort.
Foto: Frenzel, 1979

| 4 — 5 | 30 | 0.40 |
| 1 — 3 | | 0.30 |

Gernrode (Harz)
Osterteich
Sternhaus-Haferfeld
Sternhaus-Ramberg
Mägdesprung
Drahtzug
Alexisbad
Harzgerode
Silberhütte (Anh)
Straßberg (Harz)
Güntersberge
Friedrichshöhe
Albrechtshaus
Stiege
Birkenmoor
Hasselfelde
Eisfelder Talmühle

Fahrschein gilt auf der durch
Lochung bezeichneten Strecke
Gültig 1 Tag

№ 002499   2. Kl.

Verr.-Bf: Gernrode (Harz) Personenzug

Gernrode (Harz) - Eisfelder Talmühle

(Verr.-Bf: Gernrode [Harz] Reihe.........)

Kind

№ 002499   2. Kl.
Personenzug
(32)

Bild 1.11.
Zettelfahrkarte (Abschnitt) mit allen Stationen der Selketalbahn, wie sie im Zug verkauft wird.

sollte nämlich die GHE über Neudorf geführt werden. Das zerschlug sich. So wurde die Industriebahn als Verbindung zwischen Neudorf und Silberhütte gebaut. Ihre ehemalige Trasse ist heute noch sichtbar, so z. B. am Sommerweg der Straße von Silberhütte nach Neudorf. Auch am Flurstück Biewende und in dem angrenzenden Wald ist die mit Grauwacke geschotterte Trasse noch gut auszumachen.

In dem kleinen Empfangsgebäude von Silberhütte befindet sich eine Dienststelle der Deutschen Post. Auf der gegenüberliegenden Seite zweigt der Anschluß zum Sägewerk ab. Unmittelbar nach der Ausfahrt aus dem Bahnhof führt links eine Eisenbahnbrücke über die Selke hinweg. Dahinter ragt der hohe Schornstein des Heizkraftwerkes Silberhütte empor. Hier, im Bahnhofsbereich, fällt uns eine neue Ausrüstung der Selketalbahn auf: die Rückfallweichen mit den orangefarbenen Weichenlaternen und Stellhebeln. Dazu gehören die Signale So 18 und So 17, die wir uns später noch genauer ansehen werden.

Unsere Reise setzt sich an Holzlagerplätzen und Sägemühlen vorbei fort. Am Ortsausgang ist ein Anschlußgleis zu einer Faßfabrik, der Rinkemühle, verlegt. Das Bild der mit Fässern beladenen Schmalspurgüterwagen gab den Zügen dieser Strecke jahrzehntelang ein charakteristisches Gepräge.

Das Tal wird nun breiter und flacher. Saftiggrüne Wiesen breiten sich aus. Die Neigungen der Strecke sind kleiner und die Krümmungen nicht mehr so häufig. Der Ort Straßberg auf einer Bergeshöhe an der gegenüberliegenden Talseite ist schon von weither zu sehen. Das Dorf Lindenberg, ehemals anhaltisch und nur etwa 100 Einwohner zählend, liegt auf dem diesseitigen Selkeufer. Da hier die Selke die Grenze zwischen Anhalt und Preußen bildete, erhielt der Bahnhof auf der anhaltischen Seite den Namen Lindenberg. Im Jahre 1952 wurde anläßlich einer Verwaltungsreform Lindenberg in Straßberg eingemeindet. Damit wechselte der Bahnhof seinen Namen.

Das kleine, im Harzer Stil gebaute Empfangsgebäude, fügt sich gut in die Landschaft ein. Die Bahnhofsanlagen bestehen aus Überhol- und Ladegleisen, Laderampe und Güterschuppen. Um die Jahrhundertwende beabsichtigte man, von hier aus über Rottleberode die Stadt Stolberg an das Netz der GHE anzuschließen. Doch davon ist nichts zu sehen. Das Projekt zerschlug sich.

Der Bahnhof Straßberg (Lindenberg) war von 1949 bis 1983/84 Endpunkt der Selketalbahn. Nur der Streckenabschnitt vom Bahnhof bis zur Selkebrücke (bei Kilometer 23) mit dem Anschlußgleis Spatgrube (früher Herzogsschacht), das der Abfuhr von Flußspat (Kalziumfluorid) diente, war in Richtung Stiege liegengeblieben. Den überwiegenden Teil der Bahn hatte man 1946 abgebaut. Im selben Jahr begann der Wiederaufbau in Richtung Gernrode, und seit dem 3. Juni 1984 fahren die Züge auch wieder bis Stiege/Eisfelder Talmühle.

Fast geradlinig geht es bis zur „großen S-Kurve". Rechts stehen einige Gebäude, in denen aus Flußspat Flußsäure hergestellt wurde. Unmittelbar davor lag die Bahnverladestelle Fluor. Die „große S-Kurve" führt uns über die neuerbaute Selkebrücke, und unser Blick schweift längs in das Selketal. Ab jetzt verläuft die weitere Streckenführung auf dem rechten Ufer der Selke. Das Selketal ist nun von sanfter ansteigenden Bergen, die mit dichten Wäldern bestanden sind, eingerahmt. Unser Zug hat an Geschwindigkeit zugelegt, bald sind wir in der Nähe der ehemaligen Holzver-

Bild 1.12. Felsdurchbruch zwischen Mägdesprung und Alexisbad.   Foto: Frenzel, 1982

ladestelle Selkewiesen. Langholzwagen der GHE (Drehschemel) transportierten einst das im Walde eingeschlagene Holz per Schiene ab. Dabei soll sich in einem feuchten Frühjahr folgende Geschichte zugetragen haben: Ein mit Langholz beladener Lkw hatte sich in der Nähe eines Überwegs festgefahren. Alle Fahrmanöver waren umsonst. „Was soll nun werden?" fragten neugierige Spaziergänger den Fahrer. Der winkte ab: „Wir warten, bis der Zug kommt". Der kam und nun geschah das, was die Episode fast unglaubwürdig erscheinen läßt: eine Kette wurde am Lastkraftwagen und an der Lokomotive befestigt — die Lokomotive zog kurz an — der Fahrer des Lastkraftwagens gab Gas — und beide fuhren davon.

Nach kurzer Fahrzeit haben wir Güntersberge erreicht. Der jetzige Haltepunkt war einst ein Bahnhof mit Lokomotivschuppen und Wasserkran. Das Empfangsgebäude — das übrigens einmal etwas größer werden sollte, Güntersberge ist schließlich eine Stadt — gleicht dem von Straßberg. Es wird aber nicht mehr als solches genutzt. Die Fahrgäste halten sich in einer kleinen Wartehalle, die im ehemaligen Güterschuppen eingerichtet ist, auf. Hier ist auch das Stationsschild befestigt. Das andere, am alten Empfangsgebäude angebrachte, ist das historische.

Die Fahrt geht rasch weiter. Alsbald ist die Stadt Güntersberge auf der rechten Seite zu erblicken, und am Ortsrande wird eine 7 ha große Wasserfläche, der Mühlteich, auch Waldsee genannt, sichtbar. 1752 ist dieser größte Stauteich der Selke angelegt worden.

Unterdessen haben wir auf einer neuen Brücke den Katzsohlbach, einen Zufluß der Selke, überquert und konnten einen kurzen Blick in das an

Bild 1.13. Bahnhof Alexisbad.   Foto: G. Zieglgänsberger, 1982

Naturschönheiten reiche Tal werfen. Auf der anderen Seite des Tales ist die Fernverkehrsstraße 242 nach Stiege zu sehen.

Wir fahren am Waldrand, dem rechten Ufer der Selke, weiter bis zum Bahnhof Friedrichshöhe. Der Ort, von hier aus nicht sichtbar, liegt in den Bergen. Das alte zweigeschossige Empfangsgebäude ist 1983 wegen größerer Schäden abgerissen worden. Ein kleines Wartehäuschen aus Betonteilen, hellocker gestrichen, steht an der Stelle des alten Fachwerkbaues. Da der Bahnhof Friedrichshöhe etwa in der Mitte des Abschnittes Straßberg—Stiege liegt und genügend Gelände für Gleisanlagen bietet, hat sich die Deutsche Reichsbahn entschlossen, hier eine Zugkreuzungsstelle anzulegen.

Nach der Ausfahrt quert unser Zug die Straße nach Stolberg, die hier auf die F 242 trifft. Anfang Juni, um die Pfingstzeit, sind die Selkewiesen mit den gelben Blüten der geschützten Trollblume geschmückt, im Winter dagegen haben hohe Schnee-

Bild 1.14. Bahnhof Alexisbad. Bis 1984 gehörten die mit Fässern beladenen Schmalspurwagen zum täglichen Bild. Zweiter Wagen von links: ex SHE 274.
Foto: G. Zieglgänsberger, 1973

Bild 1.15. Angebot des Bahnhofs Alexisbad, Sommer 1986.
Foto: G. Zieglgänsberger

Bild 1.18.
Eine der ersten, wieder durchgehenden Fahrkarten vom 3. 6. 1984.

Bild 1.17. Bruchsteinmauerwerk und ausgemauertes Fachwerk, im Harz häufig zu finden — Empfangsgebäude Harzgerode.
Foto: G. Zieglgänsberger, 1984

Bild 1.16. Nach kurzer Anstrengung ist Harzgerode erreicht.   Foto: G. Zieglgänsberger, 1983

wehen den Bahn- und Straßenverkehr manchmal schon zum Erliegen gebracht.

Das Schleifen der Bremsklötze kündigt an, daß die nächste Station, der Haltepunkt Albrechtshaus, erreicht ist. Der Name des Haltepunktes stammt von dem Sanatorium, dem jetzigen Spezialkrankenhaus, das links zwischen den Bäumen zu erkennen ist. Auch hier sind einige Fahrgäste ein- und ausgestiegen. Denn von hier aus kann man schöne Wanderungen nach dem Auersberg, nach Stolberg, Allrode und Birkenmoor unternehmen. Der Haltepunkt Albrechtshaus hat noch sein altes Wartehäuschen, es diente während der eisenbahnlosen Zeit als Bushaltestelle und blieb dadurch bis heute erhalten. Unweit von hier war früher das Dreiländereck, gebildet von Anhalt, Braunschweig und Preußen. Das hat Auswirkungen bis heute: Wir haben den Bezirk Halle verlassen und sind in den Bezirk Magdeburg eingereist.

Die Fahrt geht weiter bergan. Rechter Hand liegt ein kleines Wäldchen, in dem sich die um 1900 ausgegrabene Ruine der romanischen Kirche Selkenfelde befindet. Etliche Legenden ranken sich um das dazugehörige, aber verschwundene Dorf, in dem damals sogar Eisen erschmolzen worden sein soll.

Bald fahren wir in einem großen Bogen über die neuerbaute Hasselbrücke, links naht die Strecke von Eisfelder Talmühle, und nur wenig später hält der Zug in Stiege. Bis 1946 gehörten die Abschnitte Stiege—Hasselfelde und Stiege—Eisfelder Talmühle zur Gernrode-Harzgeroder Eisenbahn. Nach dem Abbau der Verbindung Gernrode—Stiege wird seit dem 15. April 1946 dieses Streckenstück von der Harzquerbahn betrieben. Vor 1945 hatte die Gernrode-Harzgeroder Eisenbahn durchlaufende Züge bzw. Kurswagen von Gernrode über Alexisbad—Stiege—Eisfelder Talmühle nach Nordhausen im Fahrplan, um den

Bild 1.19. Alexisbad. Blick von der Verlobungsurne auf eine Doppelausfahrt in Richtung Harzgerode (vorn) und Silberhütte (hinten).
Foto: Frenzel, 1979

Bild 1.20. Der Raketentriebwagen Rak 2 auf der Halberstadt—Blankenburger Eisenbahn. Mit dem Vorgänger waren am 26. Juni 1928 zwischen Stiege und Eisfelder Talmühle 210 km/h erreicht worden. Die Triebwerke stammten aus Silberhütte.
Sammlung Frenzel

Reisenden das Umsteigen zu ersparen. War der Zug von Gernrode in Stiege angelangt, hätte die Lokomotive hier an das entgegengesetzte Zugende umsetzen müssen. Statt dessen hatte man sich eine elegantere Lösung ausgedacht. Der Fahrplan war so gestaltet, daß in Stiege zwei Züge zugleich ankamen: der aus Gernrode und — aus entgegengesetzter Richtung — der aus Hasselfelde. Beide Lokomotiven spannten ab und wechselten den Zug; dann übernahm die Gernroder Maschine den aus Hasselfelde gekommenen Zug, um ihn wieder dort hinzubringen, während die Hasselfelder Maschine mit dem durchgehenden Gernroder Zug bis Eisfelder Talmühle weiter fuhr. Dort hängte man den meist aus zwei Reisezug- und einem Gepäckwagen bestehenden Train an den nach Nordhausen fahrenden Zug der Harzquerbahn an. Solch ein durchlaufender Zug fuhr 9 Uhr 11 Minuten in Gernrode ab und war

Bild 1.21. Bahnhof Silberhütte.   Foto: K. Zieglgänsberger, 1985

11 Uhr 53 Minuten in Nordhausen; die Fahrzeit betrug zwei dreiviertel Stunden. Für eine Gebirgs-Schmalspurbahn war dies bei dem langen Weg von 60 km eine beachtliche Leistung.

Diese Technologie war ab 1946 hinfällig geworden, und seitdem war Bahnhof Stiege in die Vergessenheit versunken, drei Reisezug- und zwei Güterzugpaare pro Tag sind nichts Beachtenswertes für den Durchgangsbahnhof einer Schmalspurbahn. 1983 änderte sich jedoch das Bild. Durch die Presse und durch Rundfunksendungen rückte er ins Licht der Öffentlichkeit, ging doch von hier aus der Wiederaufbau der Strecke nach Straßberg vonstatten. Doch damit nicht genug. Außer den Rückfallweichen, deren Ankündigungsbaken sogar vor dem Empfangsgebäude stehen, gibt es hier

als Besonderheit die Wendeschleife zu sehen, die rechts an der Ausfahrt nach Hasselfelde liegt und mit deren Hilfe die umständliche Rangiertechnologie einer Spitzkehre zu umgehen ist. Sie stellt eine Einmaligkeit bei Schmalspurbahnen dar.

Da nur Züge von und nach Eisfelder Talmühle die Schleife passieren, geht unsere Fahrt sofort in Richtung Hasselfelde weiter. Wir erblicken nochmals den Ort Stiege mit seinem weithin sichtbaren Wahrzeichen, dem Wasserglobus. Die Fahrt führt nun über die Hochfläche des Oberharzes, die Wälder entfernen sich weiter von der Strecke, uns umgeben Wiesen und Weiden. Das Brockenmassiv bildet den Hintergrund für die vor uns liegende Stadt Hasselfelde. Auf der Fahrt haben wir die Sprachgrenze von Niederdeutsch zu Ober-

Bild 1.22. Zwischen Silberhütte und Straßberg. *Foto: G. Zieglgänsberger, 1985*

Bild 1.23. Bahnhof Straßberg, Empfangsgebäude. *Foto: G. Zieglgänsberger, 1984*

Bild 1.24. Bahnhof Güntersberge. Rechts das alte Empfangsgebäude, das inzwischen anderweitig genutzt wird; links die neue Wartehalle, umfunktioniert aus dem ehemaligen Güterboden.   *Foto: G. Zieglgänsberger, 1984*

Bild 1.25. Von 1946 bis 1984 Seepromenade, nun wieder Schmalspurstrecke: Ausfahrt Güntersberge.   *Foto: Sprang, 1984*

Bild 1.26.
Bahnhof Friedrichshöhe.
Foto:
G. Zieglgänsberger, 1984

Bild 1.27.
Das Wartehäuschen von
Albrechtshaus diente wäh-
rend der eisenbahnlosen
Zeit als Unterschlupf für
Busreisende.
Foto:
G. Zieglgänsberger, 1984

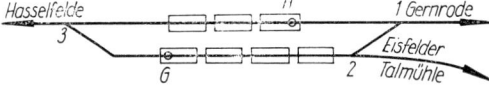

Bild 1.29. Prinzip des raschen Lokomotivwechsels in Stiege:
Lok H vom Hasselfelder Zug setzt sich über die Weichen 1
und 2 vor den Zug von Gernrode nach Eisfelder Talmühle;
zur selben Zeit setzt sich Lok G vom Gernroder Zug über
Weiche 3 vor den Hasselfelder Train, um ihn wieder dorthin zu bringen.   Zeichnung: hajo

deutsch passiert. Die Hasselfelder sprechen platt-
deutsch, und der Dialekt der Stieger gehört zum
Thüringischen.

Der Bahnhof Hasselfelde, der Endbahnhof der
40,3 km langen Strecke, ist bald erreicht. Er zeigt
sich als typischer Bahnhof einer kleinen Stadt:
Zweigeschossiges Empfangsgebäude, Abstellgleise, Ladestraße, ein Industrieanschluß zum Sägewerk und ein Anschluß zum Speicher der Bäuer-
lichen Handelsgenossenschaft. Als Endbahnhof

Bild 1.28.
Bahnhof Stiege.
Foto:
G. Zieglgänsberger, 1987

Bild 1.30. Wendeschleife Stiege.

Foto: G. Zieglgänsberger, 1985

158 k Gernrode (Harz) - Eisfelder Talmühle

10.15	11.57	11.57	14.25	16.18	19.04	21.43	1.09		an *Halle (S)* 181........ab	5.10	...	5.10	8.01	...
h Alexisbad ab 8.01	17.30?													
Harzgerode an 8.10	17.39													
17.15	10.13	12.05	12.05	13.06	14.58	...	VS16.48	18.42	21.25	ab *Aschersleben* 158g an	W7.43	10.04	10.04	12.24	12.24	12.24	14.43
28.10	10.52	...	11.44	11.44	14.01	15.50	17.24	...	21.17	ab *Halberstadt* 182 an	9.00	9.00	10.05	13.17	13.17	13.17	14.44
68.46	11.20	...	13.29	13.29	14.28	16.30	17.58	19.17	21.43	ab *Quedlinburg Rb* an	7.27	8.05	9.25	11.17	12.40	12.40	14.16

G	22	8	W104	10 bG	12	26	14 bG	28	18	S 10G	km	Nr Privatnebenbahn Nr	Mo101	S 21	W 21	3	5 bG	w103	S 5bG	7
20 9.11		11.40a	13.05	c13.48	14.10	15.58	a16.50	a18.25	19.40	S22.35	0,0	ab**Gernrode**(Harz)158g an	Blst.	S7.46	w8.52	d11.02	a11.22	a11.31	13.39
24		x11.44	K	x 51x	14	16.03	x 53	x 29	x 44	K	1,3	✿**Osterteich** .... ▲	W. an		x 48	x 59	K		x 34
35x 28	x11.58	13.22	x14.01	x	27	x16.16	x17.03	x 44	x 57	x 51	5,7	Sternhaus-Haferfeld...	Mo6.51	7.31	8.35	x 48	11.04	x 18	x 22
39x 31	x12.03		x 05	x	31	x16.20	x 06	x 48	20.02		7,0	Sternhaus-Ramberg ...	K	x 25	x 29	x 45		x 15	x 17
47 9.40		12.14	13.34	14.14	14.41	16.30	17.15	19.04	20.12	23.04	10,2	Mägdesprung		6.26	7.15	8.19	10.36	10.51	11.08	13.09
51		x12.19	x 38	x 17x	45	x16.34		x 08	x 16	x 09	11,7	▼**Drahtzug** .... ✿		x 22	x 10	x 14	x 32	x 49	x11.05	x13.04
58 9.52		12.28	13.47	14.23	14.54	16.42	17.17	19.18	20.25	23.17	14,6	an**Alexisbad** ...... ab		6.12	S7.00	w8.05	10.24	10.38	10.58	12.56

4	6	S 52	8	W104	S10bG	12	w 54	26	S 14	d 16	18	S106		Zug Nr	Zug Nr	Mo101	S 1	3	5 bG	w103	S 5	7	S 9
0 10.00	a11.00	12.33	a13.48	c14.25	14.55	c15.22	16.48	18.20	18.55	20.30	23.18	0,0	ab**Alexisbad** . an	6.11	6.54	7.59	9.44	d10.23	a10.37	a10.54	12.54	a13.4
8 10.09	11.09	12.42	14.33	14.33	15.03	15.31	16.57	18.29	19.03	20.39	23.30	2,9	an**Harzgerode** ab	6.00	6.45	7.50	9.35	10.15	10.25	10.45	12.45	13.3

16	9.56				w14.24	S15.00	S16.44	d17.25	a19.25			K	14,6	ab**Alexisbad** ...... an	K	6.56	7.50		K	a10.56
.	10.04	...			14.31	15.08	16.52	17.32	19.35	...			17,8	▼**Silberhütte** (Anh.) . ▲		6.48	7.42	...		10.49
.	10.15	...	Nach Neudorf		14.40	15.18	17.03	17.41	19.47	...			21,9	▼**Lindenberg** (Harz) ..		6.38	7.27	...	Von Neudorf (Harz)	10.40
.	10.28	...			c14.51	15.29	17.17	17.51	20.00	...			27,1	**Güntersberge** (Harz) ..		6.25	7.12	...		10.28
.	10.36	...				15.38	17.26	17.58	20.09	...	✿.		30,6	**Friedrichshöhe**		6.16	6.58	...		10.16
.	x 38	...				x 40	x 28	x18.00	x 11	...			31,3	▼**Albrechtshaus** ..... ✿		x 13	x 55	...		x 14
.	10.48	...				a15.51	a17.39	18.08	20.22	...			35,7	an**Stiege** .... ab		6.03	6.44	...		10.03

32	34			36	S 64	38	S 40	28				Zug Nr	Zug Nr	W 31	S 21	w21	S 31	S 33	35
03 10.54	...			14.16a	16.00	18.12a	19.15a	20.25	...			0,0	ab **Stiege** .... an	S 9.29	S6.02	w6.41	7.30	9.03	10.45	.
20 11.11	...			14 33	16.17	18.29	19.32	20.42	...			4,9	an **Hasselfelde** ...... ab	5.12	5.45	6.24	7.13	8.48	10.28	.

4	22				46	S48bG						Zug Nr	Zug Nr				41	S 43
5	10.51	...				15.55	a 18.23					35,7	ab**Stiege** .... an				8.24	9.57
.2	x11.00	...				x16.03						38,6	✿**Birkenmoor** .... ▲				x8.17	x 9.48
.		...										43,0	▼**Unterberg** .. 182b ✿					
16	11.12	...				16.16	18.44					44,3	an**Eisfelder Talmühle** ..				8.03	9.35

12	11.53	...	...		16.58	19.30				an*Nordhausen NWE* 182b ab		...	...	7.20	S8.45	.
.	13.44	...	...		19.40					an*Wernigerode NWE* 182b ab		...	...		7.30	.

K = Eisenb.-Kraftverkehr
a Vom 1. VII.–31. VIII.
b 15.V.–30.VI.u. ab 1.IX.
c Vom 1. VI.–31. VIII.
d tägl., im Juli-Aug. nur w

Bild 1.31. Fahrplan aus dem Jahre 1935 mit durchgehendem P 22 Gernrode—Stiege—Eisfelder Talmühle—Nordhausen.

Bild 1.32. Bahnhof Hasselfelde.

Foto: G. Zieglgänsberger, 1981

Bild 1.33. Neu auf der Selketalbahn: Rollwagenzüge — hier kurz vor Stiege.   Foto: G. Zieglgänsberger, 1984

Bild 1.34.
Haltepunkt Birkenmoor.
Foto:
G. Zieglgänsberger, 1984

Bild 1.35.
Brücke über den Mosebach.
Foto:
K. Zieglgänsberger, 1979

besitzt er selbstverständlich einen Lokomotivschuppen mit Wasser- und Kohlekran, noch heute ist dort eine Lokomotive stationiert.

Zu Gast bei der Harzquerbahn

Die Fahrt auf der heutigen Selketalbahn ist eigentlich schon in Stiege beendet. Doch wie bereits angedeutet, gehörte bis 1946 der Abschnitt Hasselfelde—Eisfelder Talmühle ebenfalls zur Gernrode-Harzgeroder Eisenbahn und schloß dort an die Harzquerbahn Nordhausen—Wernigerode an. Diese Verbindung war 1905 gebaut worden. Begeben wir uns also auf die historische Spur.
Bald haben wir Stiege wieder erreicht und fahren in Gleis 2 ein. Dieses Gleis muß von Zügen, die in Richtung Alexisbad—Gernrode oder Eisfelder Talmühle ausfahren, benutzt werden, da sonst die Funktion der Rückfallweichen nicht wirksam wird. — Andernfalls ist auch das Umsteigen mit Aufenthalt in Stiege nicht uninteressant. Wie auf einer Modellbahnanlage rollt der Zug, der die Wendeschleife durchfährt, vorbei. Ein Erlebnis ist es jedenfalls, wenn man den Zug Gernrode—Eisfelder Talmühle besteigt und die Runde mitfährt.
Nachdem der Zug die Bahnhofsanlagen verlassen hat und in die fast rechtwinklig abzweigende Strecke nach Eisfelder Talmühle eingebogen ist, befinden wir uns auf dem etwa 1,5 km fast gerad-

linig verlaufenden Streckenabschnitt, auf dem 1928 die Versuche mit dem raketengetriebenen Schienenfahrzeug stattfanden. Nicht nur der Geschwindigkeitsrekord der Selketalbahn wurde hier erreicht, sondern es ist mit 523 m über NN auch der höchste Punkt der Bahn und damit die Wasserscheide Bode/Helme. Einige Fahrgäste, die Gefäße zum Beerenpflücken bei sich tragen, möchten am Haltepunkt Birkenmoor aussteigen. Auch Wanderer verlassen den Zug, denn die Wege durch das Behretal nach Eisfelder Talmühle sind besonders den Naturfreunden zu empfehlen. Unmittelbar nach der Ausfahrt beginnt sich die Strecke stark zu neigen und führt nun etwa 4 km durch das geschlossene Waldgebiet des Behretales mit gleichmäßigem Gefälle von 37 Promille. Für diesen Abschnitt waren die 1905 beschafften schweren Mallet-Lokomotiven gedacht.
Weitab von allen größeren Straßen geht die Fahrt durch Mischwälder. Zwei Seitentäler müssen durch hohe, steinerne Brücken überwunden werden: es sind die 25 m weit spannende Brücke über den Bartschenkulk und das mit 11 m Spannweite errichtete Bauwerk über den Mosebach. Die Brücken sind aus Grauwacke gebaut, einem Material, das bei den Felsdurchbrüchen für den Bahnbau anfiel und in dieser Gegend auch in Steinbrüchen abgebaut wird. Grauwacke ist ein feinkörniges, festes Sedimentgestein. Die Ansichtsflächen der Gewölbebogen sind in rotem Ilfelder Stein ausgeführt.

Bild 1.36. Brücke über den Bartschenkulk.   Foto: K. Zieglgänsberger, 1979

Bild 1.37. Bahnhof Eisfelder Talmühle.   Foto: G. Zieglgänsberger, 1959

Diese Brücken waren früher ein beliebtes Motiv, die GHE bildlich als Gebirgsbahn darzustellen. Wenige Meter weiter abwärts befindet sich der Haltepunkt Unterberg. Zwei Anschlüsse führten zu den nahen Steinbruchanlagen gleichen Namens. Noch in den 60er Jahren standen auf den Anschlußgleisen die Steinkübelwagen der Harzquerbahn, in denen das gebrochene Material in Richtung Nordhausen abtransportiert wurde. Auch der Schotter für den Wiederaufbau des Abschnittes Straßberg—Stiege kam von hier.

Das Behretal ist nun von hohen Berghängen umgeben: Wir nähern uns dem Bahnhof Eisfelder Talmühle. Rechts ist die von Benneckenstein kommende Strecke der Harzquerbahn zu sehen. Nach wenigen hundert Metern hält der Zug im ehemaligen Gemeinschaftsbahnhof der Gernrode-Harzgeroder und der Nordhausen-Wernigeroder Eisen-

bahn. Das zweigeschossige Empfangsgebäude ist 1905 zur Eröffnung der Strecke gebaut worden. Von den Gleisanlagen her waren praktisch zwei Bahnhöfe entstanden, durch ein Übergabegleis miteinander verbunden. Die Gernrode-Harzgeroder Eisenbahn unterhielt sogar einen eigenen Lokomotivschuppen und eine eigene Wasserversorgungsanlage. Heute gibt es eine durchgehende Einfahrt von Nordhausen in Richtung Stiege.

Unsere Fahrt auf der Selketalbahn ist beendet. Die Fahrzeit, ohne Umsteigeaufenthalte, betrug etwa 200 Minuten. Nun müssen wir uns entscheiden: Wir können umsteigen nach Nordhausen, die einstige Freie Reichsstadt, oder nach Wernigerode, die Bunte Stadt am Harz. Wir können uns aber auch zurückbegeben auf die Selketalbahn und ihre Anlagen wie auch ihre Geschichte genauer unter die Lupe nehmen.

2. Die Gernrode-Harzgeroder Eisenbahn

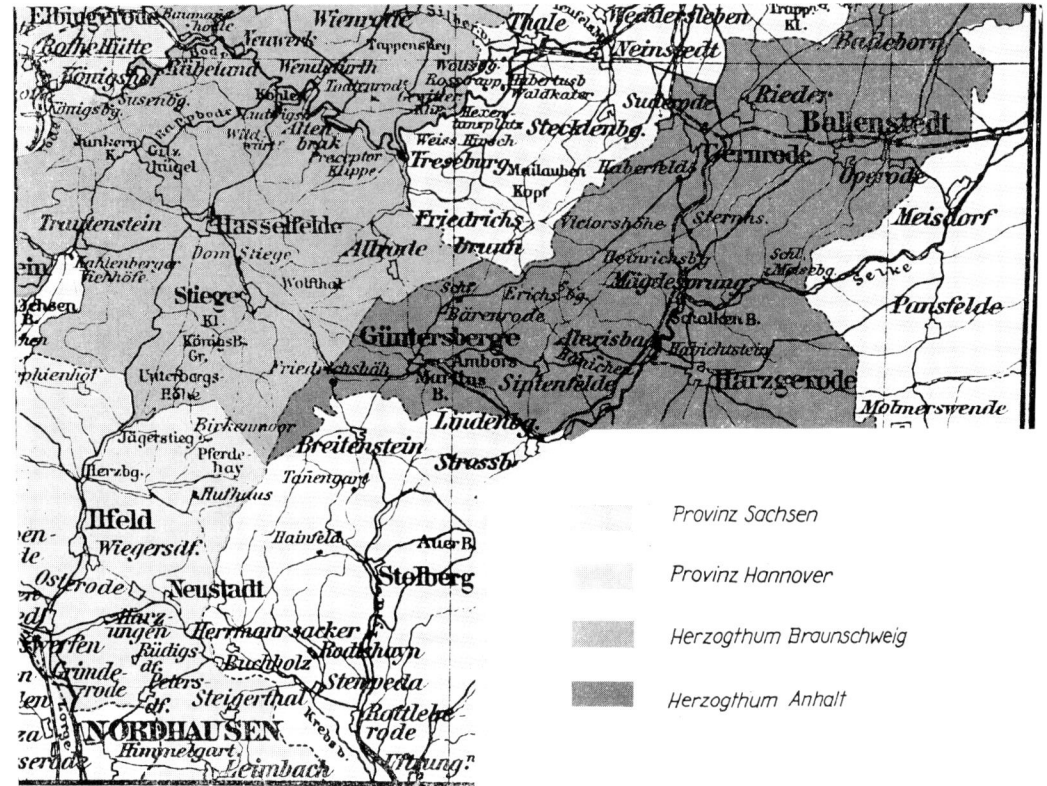

Bild 2.1. Die politischen Verhältnisse im Harz zur Zeit des Bahnbaus.

Provinz Sachsen

Provinz Hannover

Herzogthum Braunschweig

Herzogthum Anhalt

Quelle: Album vom Unterharz, Leipzig 1892

Vorgeschichte

Der Harz, das nördlichste deutsche Mittelgebirge, erhebt sich steil aus der Norddeutschen Tiefebene. Im Nordwesten ragt die Gebirgsscholle stärker aus der Ebene heraus als im Südosten. Der östliche Teil des Harzes, der sich etwa bis 500 m hoch über NN erhebt, wird als Unterharz bezeichnet. Infolge seines Gebirgscharakters bildet der Harz für die Eisenbahnen ein verkehrstechnisch schwie-

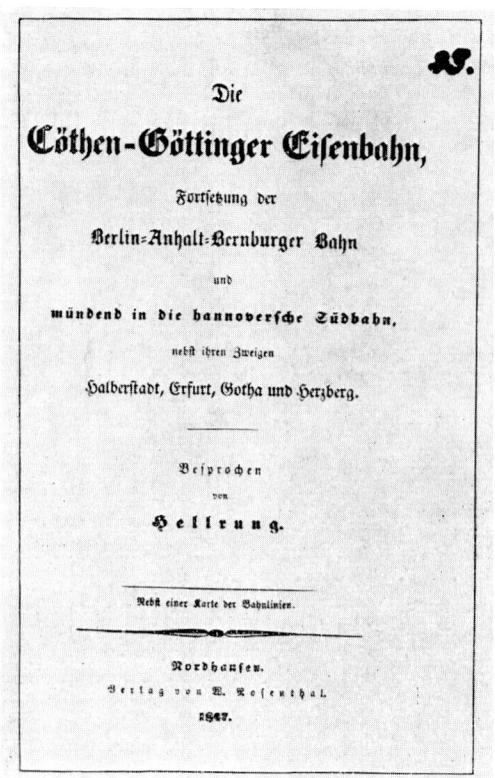

Bild 2.2. In dieser Schrift von 1847 ist der erste Plan für eine Eisenbahn durchs Selketal beschrieben.
Sammlung Zieglgänsberger

riges Gebiet. Man erkennt an den Eisenbahnkarten, die den Kursbüchern beiliegen, wie die Hauptbahnen den Harz am Rande umfahren. Eine Hauptstrecke durchquert den Harz nicht.

Die politische Einteilung des Unterharzes zeigte zur Zeit des Bahnbaues, in der zweiten Hälfte des 19. Jahrhunderts, noch die Nachwirkungen der deutschen Kleinstaaterei. Der hier beschriebene Teil gehörte zu drei Staaten: die Mitte des Unterharzes in der östlichen Hälfte zum Herzogtum Anhalt und in der westlichen Hälfte zum Herzogtum Braunschweig, die übrigen Teile gehörten zu preußischen Provinzen. So blieb es mit wenigen Änderungen bis 1945. Danach bildeten der seit 1918 bestehende Freistaat Anhalt und die braunschweigischen Ländereien östlich des Schlauches bei Sorge (Voigtsfelde) sowie der größte Teil der ehe-

maligen Provinz Sachsen das Land Sachsen-Anhalt (1945—1947 Provinz Sachsen). Die südwestlichsten Teile des Unterharzes kamen zum Land Thüringen. Seit der Verwaltungsreform im Jahre 1952 ist in der Deutschen Demokratischen Republik dieses Gebiet den Bezirken Magdeburg, Halle und Erfurt zugeordnet.

Als in der Mitte des vorigen Jahrhunderts in Deutschland die industrielle Entwicklung begann, waren die Eisenbahnen für den Aufschwung der Industrie und des Handels eine unbedingte Voraussetzung. Es liegt auf der Hand, daß der holz- und erzreiche Harz schon früh das Interesse von Unternehmern fand und rasch die ersten Gedanken zur eisenbahntechnischen Erschließung entstanden. Doch die bereits erwähnten politischen Schwierigkeiten waren immens. So schloß sich westlich an die braunschweigischen Landesteile das Königreich Hannover an. Nach der Auflösung des Deutschen Bundes 1866 und während des preußisch-österreichischen Krieges annektierte Preußen das Königreich Hannover und machte es zur preußischen Provinz Hannover (Kapitulation von Langensalza, 29. Juni 1866). Hinzu kamen die technischen Probleme. Den Harz mit einer regelspurigen Bahn von 1 435 mm Spurweite zu überqueren, hätte einen enormen technischen Aufwand erfordert. Umfangreiche Erdbewegungen, Dammbauten, Tunnel und Viadukte wären erforderlich gewesen. Dennoch gab es schon frühzeitig solche Pläne.

Noch bevor die großen Eisenbahngesellschaften ihre Vorstellungen zur verkehrsmäßigen Erschließung des Harzes darlegten, erschien 1847 eine Denkschrift mit dem Titel: „Cöthen-Göttinger Eisenbahn, Fortsetzung der Berlin-Anhalt-Bernburger Bahn und mündend in die hannoversche Südbahn, nebst ihren Zweigen Halberstadt, Erfurt, Gotha und Herzberg". Der Verfasser war ein Dr. Hellrung, die Schrift wurde bei W. Rosenthal 1847 in Nordhausen verlegt. Bereits 1846 hatte Hellrung dieses Projekt dem herzoglichen Geheimkabinett in Bernburg vorgelegt. Anhalt war damals noch in kleinere Teilstaaten gegliedert, die Vereinigung erfolgte 1863. Das Selketal gehörte zur Anhalt-Bernburgischen Exklave Ballenstedt. Im Jahre 1840 war die Magdeburg-Cöthen-Halle-Leipziger Eisenbahn eröffnet worden und hatte in Cöthen 1840 Anschluß an die Berlin-Anhaltische Eisenbahn erhalten. 1846 wurde eine weitere Anschlußstrecke, die Cöthen-Bernburger Bahn, in Betrieb genommen. Im Bau bzw. in der Projektierung befand sich zu der Zeit die Strecke Hannover—Kassel über Göttingen (vollendet 1853), damals Hannoversche Südbahn genannt. Hellrung wollte die Verbindung Cöthen—Göttingen als Teil einer europäischen Postbahn von Petersburg (heute Leningrad) über Königsberg (heute Kaliningrad), Berlin, Kassel, Frankfurt a. M. und Paris bis an die Pyrenäen verstanden wissen. Die Cöthen-Göttinger Eisenbahn sollte in Bernburg an die schon von Cöthen her gebaute Strecke anschließen und über Güsten, Aschersleben und Ermsleben nach Meisdorf führen. Hier in Meisdorf verläßt die Selke in einem breiten Tal die Berge des Harzes. Über diesen Zugang sollte die Bahn den Weg durch das Selketal, an der Burg Falkenstein und der Ruine der Burg Anhalt vorbei, über Selkemühle nach Mägdesprung nehmen. An größeren Bauten wäre bis dahin die Überbrückung der Saale in Bernburg und ein Tunnel in der Nähe des ehemaligen III. Friedrichhammers im Selketal sowie ein weiterer Tunnel durch den Mägdesprungfelsen in Betracht gekommen. Die Strecke hätte den Ort Mägdesprung links umgangen (Selke aufwärts gesehen) und wäre kurz vor der Försterei Drahtzug etwa auf die Trasse gelangt, die heute von der Bahn eingenommen wird. Der Klosterkopf, der heute im Bogen umfahren wird, sollte ebenfalls durchbohrt werden. Dann wäre die Bahn, nicht so stark dem Gelände angepaßt wie heute, nach Alexisbad gelangt.

Hellrung widmete in seiner Schrift dem Selketal besondere Aufmerksamkeit: „Wenn erst der Schienenweg durch das reizende Selketal führt; wie wird es sich beleben, welche Wege werden noch erstehen, wieviele Eisenwerke und welche Betriebsamkeit werden es noch beglücken. Wieviele Tausend Harzreisende mehr werden, naturprächtiges Selketal, von fern her kommend, deine Naturschönheiten, deine Ritterburg Falkenstein, deinen schmucken Meiseberg, deinen ehrwürdigen Anhalt, deinen fabelhaften Mägdesprung mit dem mächtigen Kreuz, unter welchem der größte Tunnel hindurchführt, deine vielen Hammer und Hütten und — dich Gesundheit wiedergebendes und vergnügungsreiches Alexisbad besuchen, welche sonst den Weg hierher zu weit fanden!"

Die Bahn sollte von Straßberg weiter über Breitenstein, Ilfeld, Nordhausen und Duderstadt nach Göttingen führen. Zwischen Meißdorf und Straßberg, also im Selketal, wären 32 Brücken und 3 Tunnel von zusammen etwa 600 m Länge erforderlich gewesen, etwa 1 388 000 Taler waren für die knapp 20 km veranschlagt worden. Die sonstigen Notwendigkeiten des Bahnbaus in den Harz-

bergen schätzte Hellrung nicht als besonders schwierig ein.

Die herzoglich-bernburgische Regierung schien sich aber nicht für dieses Projekt interessiert zu haben, außerdem herrschte in den Jahren um 1847 eine wirtschaftliche Flaute. So blieb das Selketal zunächst noch fast vier Jahrzehnte ohne Eisenbahn.

1853 erwog die Magdeburg-Halberstädter Eisenbahngesellschaft eine Verlängerung ihrer Linie von Halberstadt über Thale—Gernrode—Josefshöhe—Rottleberode nach Nordhausen. Wegen zu hoher Baukosten kam es nur zur Fertigstellung bis Thale (1862). Übrigens sollte von hier aus später eine meterspurige Zahnradbahn nach Treseburg gebaut werden, 7 km lang, davon 3 km Zahnradstrecke. Auch dieses Vorhaben scheiterte an den Kosten.

1865 wollte Bismarck die „Kanonenbahn" von Berlin in Richtung Metz über Straßberg und Nordhausen führen. Da einerseits der Fürst von Stolberg um seine Jagdreviere besorgt und andererseits die Trassenführung zu aufwendig war, lief sie schließlich südöstlich am Harz vorbei. Auch Projekte, die Eisenbahnlinie Hamburg—München über den Harz hinwegzuleiten, blieben unausgeführt. Und als in der Weimarer Republik die Reichsregierung 1925 zur Belebung des Erzbergbaus eine regelspurige Linie Blankenburg—Allrode — Güntersberge — Breitenstein—Stolberg bauen wollte, unterblieb der Bau der Bahn wegen zu geringer Ergiebigkeit der Erzlagerstätten. Eine regelspurige Bahn zur Überquerung des Harzes wurde also niemals realisiert. So verblieben zur verkehrstechnischen Erschließung des Gebirges nur Stichbahnen. Hier boten Schmalspurbahnen eine Reihe von Vorteilen: das Planum (die natürliche Unterlage für die Gleisverlegung) weist geringere Dimensionen auf als für eine regelspurige Bahn, was bei Wegen durch den Fels besonders ins Gewicht fällt; die Halbmesser der Gleiskrümmungen können kleiner sein, dadurch entfallen größere Viadukte; die kleineren Fahrzeuge haben geringere Masse, dadurch können Brücken und Tunnel leichter und kleiner gebaut werden. Alle diese Vorteile verringern die Baukosten auf etwa ein Drittel gegenüber der Regelspur.

Interessierte Kreise von Industrie und Fiskus schlugen 1880 vor, eine schmalspurige Bahn mit 1 000 mm Spurweite von Quedlinburg über Gernrode, Harzgerode, Rottleberode, Stempeda und Neustadt nach Nordhausen mit einem Abzweig von Neudorf nach Straßberg zu bauen. Finanzielle Gründe und militärische Einsprüche Preußens verhinderten den Bau. Im Jahre 1868 hatte jedoch die Magdeburg-Halberstädter Eisenbahngesellschaft auf Wunsch der Herzoglich Anhaltischen Regierung über die verkehrstechnisch äußerst ungünstige Spitzkehre Frose die Stadt Ballenstedt an die Bahnlinie Halberstadt—Aschersleben angeschlossen. Der Bahnhof Ballenstedt Schloß (heute Ballenstedt West) diente dem herzoglichen Hof.

1884/85 wurde die Strecke über Rieder—Gernrode—Suderode nach Quedlinburg weitergebaut. So entstand der Gedanke, Gernrode als Ausgangspunkt für eine Schmalspurbahn durch das Selketal in den Unterharz zu wählen. Der Plan einer regelspurigen Verbindung Ballenstedt—Harzgerode bestand nur kurze Zeit.

Gründung der Gesellschaft

Am 10. Mai 1886 wurde die Bahngesellschaft unter der Firmenbezeichnung „Gernrode-Harzgeroder Eisenbahn-Gesellschaft", abgekürzt GHE, gegründet und am 8. Januar 1887 der Gesellschaftsvertrag angenommen. Die inoffizielle Bezeichnung der Bahn lautete „Selketalbahn" oder „Anhaltische Harzbahn", nicht jedoch Harzquerbahn, auch wenn man dies des öfteren liest; diese Bezeichnung gehört zur Bahn Nordhausen—Wernigerode.

Am 27. September 1886 begann die Firma Hostmann & Co. Hannover, die später in Vering & Wächter umgewandelt wurde, mit dem Bahnbau. Die Konzession zum Betrieb der Bahn wurde am 14. März 1887 veröffentlicht. Die GHE war eine Nebenbahn, keine Kleinbahn (Kleinbahn ist ein juristischer Begriff für Bahnen mit bestimmten Verkehrsaufgaben, unabhängig von der Spurweite, und galt nur in Preußen; die GHE lag in Anhalt, dort gab es keine Kleinbahnen). Sie war als Aktiengesellschaft gegründet. Über 60 Prozent des Aktienkapitals besaßen der anhaltische Staat, der Kreis Ballenstedt sowie die Städte Gernrode, Harzgerode und Güntersberge.

In der Konzession heißt es unter anderem:

— erhält Genehmigung zum Bau und Betrieb einer Schmalspurbahn von Gernrode über Mägdesprung und Alexisbad nach Harzgerode zur Beförderung von Gütern und Personen

— Anfangskapital 900 000 Mark
— Leitung der Bau- und Betriebsverwaltung wird einem Vorstand übertragen
— Die Spurweite der Bahn soll ein Meter betragen
— Für den Bau und Betrieb der Bahn gilt die Bahnordnung für deutsche Eisenbahnen untergeordneter Bedeutung vom 12. Juni des Jahres 1878
— Qualität der Oberbaumaterialien soll den Vorschriften der KPEV entsprechen.
— Zur Feststellung und Abänderung des festgesetzten Fahrplanes bedarf es der Zustimmung der Staatsaufsichtsbehörde. Solange die Bahn nur von lokaler Bedeutung ist, ist die Gesellschaft nicht verpflichtet, in der Zeit vom 1. Mai bis 30. September mehr als 3, in der Zeit vom 1. Oktober bis 30. April mehr als 2 Personenzüge, in jeder Richtung auf der ganzen Bahnlänge (pro Tag; d. A.) zu befördern
— Tarife unterliegen der Genehmigung des Staatsministeriums
— für regelmäßig wiederkehrende Erneuerung des Oberbaues und der Betriebsmittel ist ein Erneuerungsfonds vorzuhalten
— Leistungen für die Post sind nach dem Eisenbahnpostgesetz vom 20. Dezember 1875 zu erbringen
— Zu Leistungen für militärische Zwecke ist die Gesellschaft den gesetzlichen Bestimmungen unterworfen
— Verpflichtungen gegenüber der Telegraphenverwaltung entsprechen denen der preußischen Staatsbahnen

Der Bau- und Betriebsbeginn

In der überaus kurzen Bauzeit von 10 Monaten war der 10,2 km lange Abschnitt von Gernrode nach Mägdesprung fertig. Am Sonntag, dem 7. August 1887, morgens 6.20 Uhr, fuhr in Gernrode der Eröffnungszug mit 25 Personen in zwei Reisezugwagen ab. Die Lokomotive war mit Girlanden und Fahnen des Reiches und Anhalts (rot-grün-weiß) geschmückt. An den Wegübergängen hatte sich die Bevölkerung postiert, um den Zug zu begrüßen. Viele der Schaulustigen sahen erstmalig einen Eisenbahnzug.

Nach 42 Minuten Fahrzeit wurde der Zug in Mägdesprung mit Jubel empfangen. Der Bahnhof Mägdesprung besaß nur eine Wartehalle mit Büro; das heutige Empfangsgebäude stand noch nicht. Ebenso gab es am Haltepunkt Sternhaus-

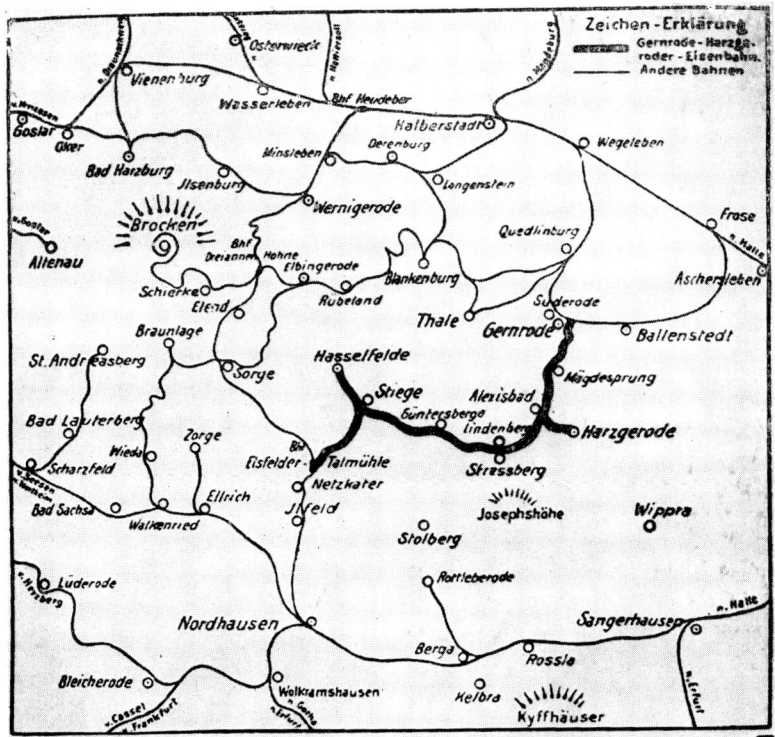

Gernrode-Harzgeroder Eisenbahn.
(Anhaltische Harzbahn oder Selketalbahn.)

Gernrode- Alexisbad/Harzgerode **-** Stiege/Hasselfelde **-Eisfelder Talmühle-(Nordhausen)**

Kürzeste, billigste und schönste Verbindung zwischen dem Ostharz und dem Südharz mit Kyffhäuser.

Köstliche Fahrt durch das liebliche Selketal.

Bild 2.3.
Die Selketalbahn 1905.
Quelle:
Blauer Harzführer,
Bad Harzburg 1916

Haferfeld nur eine Wartehalle. Am ersten Tage wurden 1 300 Personen befördert, es mußten mehrere Extrazüge eingesetzt werden. Laut erstem Fahrplan verkehrten sieben Züge/Tag von Gernrode nach Mägdesprung. Zur Aufnahme des Betriebes standen drei Lokomotiven und 23 Wagen bereit. Die Betriebsführung übertrug die Gernrode-Harzgeroder Eisenbahn-Gesellschaft an die Deutsche Eisenbahn-Betriebsgesellschaft A. G. Berlin gegen 65 Prozent der jährlichen Bruttoeinnahmen.

Der Bau der Abschnitte nach Alexisbad und Harzgerode zog sich länger hin. Das war auf die schwierigen Geländeverhältnisse zurückzuführen, die in dem engsten Teil des Selketales herrschten. Für das Planum mußten zahlreiche Felsdurchbrüche geschaffen werden. In Richtung Güntersberge ging der Streckenbau wieder rascher voran.
Einige Kilometer hinter Güntersberge endete das anhaltische Hoheitsgebiet. Um den Bau über Stiege nach Hasselfelde weiterführen zu können,

mußte mit der Regierung des Herzogtums Braunschweig, zu dem beide Orte gehörten, ein Staatsvertrag abgeschlossen werden. Am 10. Oktober 1891 wurde dieser Vertrag veröffentlicht. Auch hier gingen die Bauarbeiten bald zügig voran. Das lag nicht zuletzt auch daran, weil die Eisenbahngesellschaft laut Baukonzession verpflichtet

war, innerhalb einer festgelegten Frist den Bahnbetrieb zu eröffnen oder bei Nichteinhalten des Termins eine Konventionalstrafe zu zahlen.
Der Eröffnungszug traf am 1. Mai 1892 bei schönstem Wetter in Hasselfelde ein und wurde mit Jubel, Musik und Ehrengästen empfangen.
Als die Selketalbahn 1897 ihr 10jähriges Bestehen

Bild 2.5.
Lokomotive „Günthersberge"
der GHE 1890.
Sammlung Frenzel

Bild 2.6. An der Heiligen Teich 1890. Die Lokomotive ist die „Günthersberge", der letzte Wagen hat ein Salonabteil (drittes und viertes Fenster von hinten).   *Sammlung Frenzel*

feierte, war der Laudatio zu entnehmen, daß es sich um ein aufsteigendes Bahnunternehmen handele, dessen Beförderungsleistungen von Jahr zu Jahr gestiegen wären. Es verkehrten z. Z. auf der Strecke sechs bis acht gemischte Züge pro Tag.

Auf dem Abschnitt Gernrode—Alexisbad—Harzgerode/Silberhütte betrug die Geschwindigkeit 15 km/h und zwischen Silberhütte und Hasselfelde 20 km/h. Die Personenzüge führten Wagen der 2. und 3. Klasse; die Tarife waren pro Kilo-

Bild 2.7. Bahnhof Sternhaus-Haferfeld 1890. *Sammlung Frenzel*

Bild 2.8. Vor Mägdesprung, von Gernrode her, um 1912. Der Zug ist mit einer Mallet-Lokomotive bespannt.
Sammlung Frenzel

Bild 2.9. Bahnhof Mägdesprung um 1905.   *Sammlung G. Zieglgänsberger*

Bild 2.10. Bahnhof Alexisbad um 1898. Das rechts sichtbare „Schweizerhaus" ist ein Schinkel-Bau und wurde im zweiten Weltkrieg zerstört.   *Sammlung Frenzel*

Bild 2.11. Fotohalt an einem Felsdurchbruch 1890. Der Wagen hat eine Heberlein-Bremse. *Sammlung Frenzel*

meter mit 7,5 bzw. 4 Pfennigen (bei der preußischen Staatsbahn: 6 bzw. 4 Pfennige) höher als gewöhnlich, aber durch den Gebirgscharakter der Selketalbahn bedingt.

Zu jener Zeit, also um die Jahrhundertwende, bestanden folgende Betriebsstellen und Einrichtungen:

Der Anschlußbahnhof Gernrode war von den Bahnhofsanlagen der KPVE getrennt, aber mit Verbindungs- und Umladegleisen versehen. Die Umladung von Gütern aus Staatsbahnwagen in Schmalspurwagen und umgekehrt geschah auf Kosten der GHE. Der Schmalspur-Bahnhof Gernrode konnte die volle Abfertigung von Personen-, Vieh- und Güterverkehr vornehmen. Auf dem Güterbahnhof befand sich auch das Verwaltungsgebäude. Zur Ausrüstung des Bahnhofs gehörten

ferner ein Schuppen für vier Lokomotiven, ein Wasserkran, eine Gleiswaage bis zu 10 t, eine feste Laderampe und ein Ladekran mit der Tragfähigkeit von 10 t.

Der Haltepunkt Osterteich hatte keine bahntechnischen Anlagen.

Sternhaus (Haferfeld) hatte ein Überholungsgleis, eine offene Wartehalle und war unbesetzt.

Der heutige Bahnhof Sternhaus-Ramberg ist zu Beginn der dreißiger Jahre aus einer Ausweichstelle entstanden.

Bahnhof Mägdesprung war für Reise-, Vieh- und Güterverkehr eingerichtet. Er hatte eine feste Laderampe und einen Verladekran mit der Tragfähigkeit von 1,5 t. Hier versahen drei Eisenbahnangestellte den Dienst.

Der Haltepunkt Drahtzug besaß keine Anlagen.

Bahnhof Alexisbad als Abzweigebahnhof leistete vollen Abfertigungsdienst, d. h. Personen-, Vieh- und Güterabfertigung. Er besaß weiterhin eine Wasserstation mit zwei Wasserkränen sowie ein Kohle- und Materialdepot. Etwa 1890 ist dort ein Lokomotivschuppen erbaut worden. Man hatte einen weiteren Ausbau der Hüttenanlagen in Silberhütte erwartet und wollte, da dort kein Platz für weitere Bahnhofsanlagen zur Verfügung stand, die Lokomotive für den eventuellen größeren Güterverkehr in Alexisbad stationieren. Um 1905 scheint der Schuppen abgerissen worden zu sein. Die erste Endstation, Harzgerode, führte ebenfalls volle Abfertigung durch und war Lokomotiv- und Wasserstation mit einem einständigen Schuppen nebst Drehscheibe sowie einem Kohle- und Materialdepot. Für den Güterumschlag gab es eine feste Laderampe. Silberhütte war ein Haltepunkt, besaß ein kleines festes Stationsgebäude und hatte Personen-, Gepäck- und Wagenladungsgüter(Stückgut)-abfertigung.

Bahnhof Lindenberg fertigte alle Verkehrsarten ab. Es gab eine feste Laderampe und einen Güterschuppen. Vom Bahnhof Lindenberg wurde die Ladestelle Fluorfabrik bedient.

Bahnhof Güntersberge wird als Haltestelle für Personen-, Vieh- und Güterverkehr genannt. Der Dienst sowie die Ausgabe von Fahrkarten oblagen dem Bahnhofswirt und dem Zugpersonal. Der Bahnhof verfügte über eine Rampe für die Viehverladung, ein Depot für Kohle und Bahnbaumaterial sowie über einen Lokomotivschuppen.

Friedrichshöhe war Haltestelle mit einer festen Laderampe und einer offenen Wartehalle (später zweigeschossiges Empfangsgebäude).

Bild 2.12. Ausfahrt Alexisbad in Richtung Harzgerode (oben) und Silberhütte 1890. Zwei Wagen des Güterzuges nach Silberhütte sind mit Bremsern besetzt.
Sammlung Frenzel

Der Haltepunkt Albrechtshaus hatte ein Anschlußgleis für Ladegüter.

Bahnhof Stiege konnte volle Abfertigung vornehmen. Hier erfolgte auch die Verrechnung für Friedrichshöhe und Albrechtshaus. Der Endbahnhof Hasselfelde besaß einen Lokomotivschuppen mit Behandlungsanlagen für eine Maschine, ferner eine Seitenladerampe.

Ebenfalls zu dieser Zeit legte der Geheime Baurat Skalweit, Magdeburg, ein Gutachten vor. Es enthielt folgende wesentliche Fakten:
- die GHE wurde nach dem Vorbild anderer Bahnen, namentlich der Feldabahn (Thüringen), mit angemessener Sparsamkeit erbaut;
- die Metermasse der Schienen beträgt 21 kg/m;
- der größte zugelassene Raddruck beträgt 3 750 kg (= 7,5 t Achslast);
- die größte Neigung ist 1:25 (40 $^0/_{00}$);
- der kleinste Krümmungshalbmesser beträgt 60 m.
- die Linienführung wird als nicht günstig bewertet. Um Tiefbauarbeiten zu sparen, sind zu viele Krümmungen entstanden, so daß öfter ein Zug durch zwei oder drei entgegengesetzte Kurven gezogen werden muß, was sich besonders auf Fahrwiderstand und Verschleiß auswirkt;
- an den Bahnhofsgebäuden sind Erweiterungen unumgänglich
- der durchschnittliche Besatz mit Lokomotiven pro 10 Bahnkilometer bei Schmalspurbahnen beträgt 2,04 Stück, bei der GHE 1,38 Stück;
- die Anzahl der Wagen ist zu gering.

Im Gutachten werden folgende Maßnahmen empfohlen:

Verstärkung des Oberbaues, Entfernung bzw. Minderung der vorhandenen Gegenkrümmungen, wobei zur Ausführung der Arbeiten altbrauchbare Schienen der Staatsbahn ausreichend seien. In Mägdesprung müßte ein weiteres Abstellgleis gebaut werden, damit längere Güterzüge vor der Fahrt über die Steilstrecke zum Ramberg hinauf geteilt werden können. Auch der Bahnhof Alexisbad solle noch einige Abstellgleise erhalten so wie Friedrichshöhe, wo in letzter Zeit die Verladung von Holz merklich zugenommen habe. Die Wegübergänge von Mägdesprung und Harzgerode wären durch Schranken besser gesichert.

Die Gernrode-Harzgeroder Eisenbahn

Tabelle 2.1. Der erste Fahrplan (1887)

A. G e r n r o d e — M ä g d e s p r u n g

km	Stationen		vorm.			nachm.			
Gemischter Zug Nr.			1	3	3*	5	7	9	11
0,0	Gernrode	ab	6.20	8.48	9.35	1.15	2.32	4.27	8.11
5,8	Sternhaus	ab	6.45	9.13	10.00	1.44	2.57	4.52	8.36
10,2	Mägdesprung	an	7.03	9.31	10.18	2.02	3.15	5.10	8.54

B. M ä g d e s p r u n g — G e r n r o d e

km	Stationen		vorm.			nachm.			
Gemischter Zug Nr.			2	4	6	8	10	10*	12
0,0	Mägdesprung	ab	7.45	12.12	1.17	3.24	6.19	7.08	9.00
4,4	Sternhaus		8.04	12.31	1.40	3.43	6.34	7.27	9.19
10,2	Gernrode		8.28	12.55	2.04	4.09	7.02	7.51	9.43

Züge Nr. 5 und 6 kreuzen um 1.35 Uhr nachm. in Sternhaus.
* Zug verkehrt nur sonntags.

Bild 2.13. Bahnhof Harzgerode um 1900.

Sammlung Zieglgänsberger

Bild 2.14. Silberhütte um 1900. Zwischen den Schornsteinen ist das Empfangsgebäude des Bahnhofs zu sehen, rechts ein Sommerwagen.   *Sammlung Frenzel*

Natürlich ist auch die Neuanschaffung von Reisezug- und Güterwagen gefordert. Die angeschafften und dann eingesetzten Reisezugwagen müssen jedoch von sehr leichter, wenn nicht gar recht unsolider Bauweise gewesen sein, denn nach 10jähriger Betriebszeit soll es bereits in die Fahrgasträume hinein geregnet und geschneit haben, weil sich die Verbindungselemente gelockert hätten.

Zehn Jahre später, 1909, berichtet ein Geheimer Regierungsrat Prof. Dolezalek aus Berlin ebenfalls in einem Gutachten, daß die Gleislage, die Radien und ungünstigen Neigungen durch Gleisrücken an 23 Stellen auf ein annehmbares Maß gebracht worden seien sowie schlechte und abgenutzte Schienen und Schwellen entfernt, Brücken und Hochbauten ausgebessert sind. Die Schienenbefestigung durch Nägel wurde bei den aufgearbeiteten Streckenteilen durch Schrauben ersetzt. Letztere Arbeiten waren Nachfolgearbeiten im Rahmen des Neubaus der Strecke Stiege—Eisfelder Talmühle, der im folgenden beschrieben wird.

Die Verbindung Stiege—Eisfelder Talmühle

Für Hasselfelde hatte der Bau der Selketalbahn noch nicht den erwünschten verkehrspolitischen Aufschwung gebracht. Wirtschaftsexperten fanden den Grund darin, daß Hasselfelde ökonomisch weitaus stärker auf das preußische Nordhausen als auf das anhaltische Einzugsgebiet der Selketalbahn ausgerichtet war. So lag der Vorschlag nahe, von Hasselfelde eine Bahnverbindung nach Nordhausen zu schaffen.

Im Jahre 1900 beschloß die Generalversammlung der GHE, mit Vorarbeiten für eine Verbindung vom Bahnhof Stiege zum Haltepunkt Tiefenbachmühle der Harzquerbahn (NWE) zu beginnen. Weiterhin plante man eine Verbindung von Hasselfelde zum Bahnhof Rübeland an der regelspurigen Halberstadt-Blankenburger Eisenbahn. Die Vorstudien ergaben jedoch als günstigste Verbindung nach Nordhausen eine Bahnlinie durch das Behretal, die bei der Eisfelder Talmühle auf preußischem Gebiet die Strecke der Harzquerbahn erreicht.

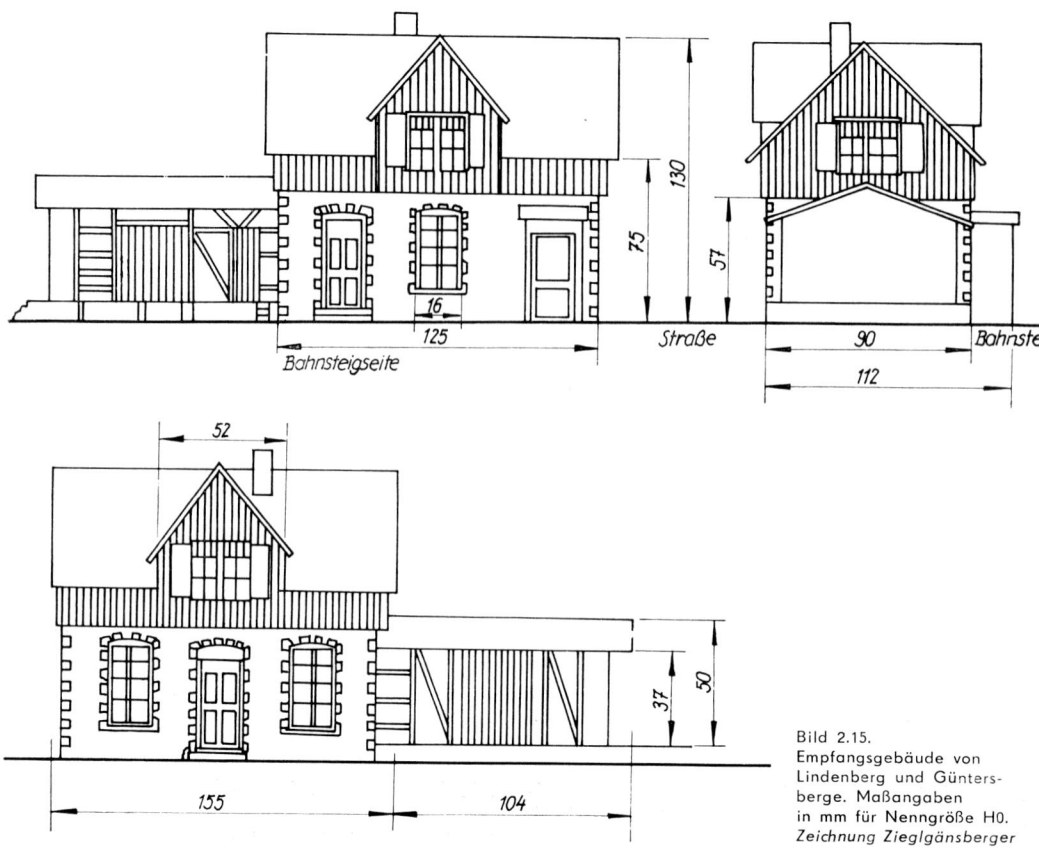

Bild 2.15.
Empfangsgebäude von
Lindenberg und Günters-
berge. Maßangaben
in mm für Nenngröße H0.
Zeichnung Zieglgänsberger

Im Dezember 1900 waren die Vorbereitungen für dieses Projekt nahezu abgeschlossen. Die GHE sollte den neuen Abschnitt sofort in eigene Regie übernehmen, während zu dieser Zeit die übrigen Anlagen der Bahn noch an die Vereinigte Eisenbahnbau- und Betriebsgesellschaft verpachtet waren.

Doch waren die finanziellen Fragen nicht vollständig gelöst. Als die Baukommission am 11. Juni 1901 in der Eisfelder Talmühle unter Vorsitz des Bürgermeisters Hagedorn von Hasselfelde tagte, wurden die Baukosten ohne Grund- und Bodenanteile auf 720 000 Mark geschätzt. Die an der Bahn gelegenen Orte erwarben zwar Aktien oder stellten kostenlos Grund und Boden zur Verfügung, wie die Gemeinde Stiege, doch erst 1904 war die Finanzierung soweit abgesichert (auch die Harzquerbahn betei-

ligte sich mit 100 000 Mark), daß im April mit den Bauarbeiten begonnen werden konnte, die man zum 1. Mai 1905 abschließen wollte.

Der schneereiche Winter 1904/05 verhinderte den planmäßigen Verlauf der Arbeiten; 100 Arbeiter wurden entlassen, 280 Arbeiter verblieben auf der Baustelle. Dieser Winter bereitete der Bahn noch weitere Sorgen. Hoher Schnee war die Ursache dafür, daß am 11. sowie am 12. Januar in der Nähe der Haltepunkte Friedrichshöhe und Albrechtshaus zwei Personenzüge entgleisten. Glücklicherweise ging es dabei ohne Personen- und Materialschaden ab. Da auch noch strenge Kälte die Weiterführung der Arbeiten zusätzlich behinderte, verschob sich der Fertigstellungstermin der Strecke.

Am 7. Juni 1905 lag schließlich das Gleis bis zur Eisfelder Talmühle. Etwa 200 Arbeiter waren noch

Bild 2.16. Bahnhof Lindenberg (heute Straßberg) um 1914.   *Sammlung Zieglgänsberger*

Bild 2.17. Bahnhof Güntersberge um 1920.   *Sammlung Zieglgänsberger*

Bild 2.18. Bahnhof Güntersberge um 1920. Der Zug ist mit Natureis aus dem Mühlteich beladen. Es diente vornehmlich Brauereien und deren Niederlassungen.
Sammlung Zieglgänsberger

Bild 2.19. Empfangsgebäude des Bahnhofs Friedrichshöhe, Zustand 1979. Das Gebäude wurde 1983 abgebrochen.
Foto: G. Zieglgänsberger

mit Abschlußarbeiten beschäftigt, als die GHE am 26. Juni 1905 durch Anschlag bekanntgab, daß am 1. Juli 1905 der direkte Zugverkehr Gernrode—Nordhausen ohne Umsteigen mit täglich drei Zugpaaren aufgenommen werde. Insgesamt waren 11 Züge pro Tag für die Strecke vorgesehen. Doch erst am 3. Juli 1905 wurde die neue Strecke durch Mitglieder des Aufsichtsrates der GHE und NWE unter Benutzung beider Salonwagen befahren. Am 9. Juli 1905 erfolgte die landespolizeiliche Abnahme, die ohne Beanstandungen verlief.

Am 15. Juli fand die offizielle Eröffnung ohne weitere Einweihungsfeierlichkeiten statt. Der erste Zug bestand aus zwei Salonwagen, zwei Wagen der Harzquerbahn und einem Packwagen. Das Gleis war nach den neuesten Erkenntnissen der Technik erbaut worden. Die Krone des Bahnplanums war durchschnittlich 3,75 m breit, die Oberbaubettung bestand aus der Packlage und dem Kleinschlag (Schotter), worauf die je 9 m langen altbrauchbaren Schienen auf jeweils elf

Bild 2.20. Bahnhof Stiege um 1920.   *Sammlung Zieglgänsberger*

Bild 2.21. Bahnhof Hasselfelde um 1920.   *Sammlung Zieglgänsberger*

Gernrode-Harzgerode-Güntersberge-Hasselfelde.

745		850	1210	225	315	610	755				719		1140	214	555	734		843
89	Nur an Sonn- und Festtagen v. 24. Mai bis 30. August.	914	1234	249	339	634	819	ab Gernrode an			656	Nur an Sonn- und Festtagen v. 24. Mai bis 30. August.	1117	151	532	711		820
828		933	1253	38	348	651	833	„ Sternhaus ab			637		1058	182	513	652		751
*834		*939	*1259	*314	*41	*70	*844	„ Mägdesprung „			*630		*1051	*125	*56	*644		*751
846		951	111	328	416	71	855	„ Drahtzug „			618		1039	113	454	632		73
								an Alexisbad ab									
954		954	—	330	420		91	ab Alexisbad an	612				1037	—	452	—	627
106		106	—	342	432		913	an Harzgerode ab	60				1025	—	440	—	615
—	848	955	113	—	—	90	90	ab Alexisbad an	616	947		111	—	625	—		
—	92	1010	128	—	—		915	„ Silberhütte ab	63	934		1258	—	612	—		
—	915	1024	142	—	—		929	„ Lindenberg „	51	920		1243	—	557	—		
—	—	1041	159	—	—		916	„ Güntersberge „	531	—		1226	—	540	—		
—	—	1053	211	—	—		91	„ Friedrichshöhe „	519	—		1214	—	528	—		
—	—	1110	228	—	—		1015	„ Stiege „	52	—		1157	—	511	—		
—	—	1125	243	—	—		103	an Hasselfelde ab	446	—		1141	—	455	—		

Vom 14. Juni bis einschließlich 31. August 1896.

Omnibus-Verbindung nach Josefshöhe-Stolberg-Rottleberode.

60	—	1025	145	—	—	—	ab Lindenberg an	—	1235	—	540	545
645	—	1110	230	—	—	—	an Auerberg-Josefshöhe ab	—	1155	—	50	53
780	—	1155	240	—	—	—	ab „ „ an	—	110	—	40	50
825	—	1250	335	—	—	—	an Stolberg „ ab	—	100	—	30	40
940	—	10	645	—	—	—	ab „ „ an	—	915	—	10	—
1030	—	150	744	—	—	—	ab Rottleberode (n. Berga-Kelbra) ab	—	823	—	1210	—

vom 23. Mai bis einschl. 15. September.

bedeutet: der Zug hält nur im Bedarfsfalle.

Bild 2.22. Bis 1905 war Hasselfelde der Endbahnhof der Gernrode-Harzgeroder Eisenbahn. Sommerfahrplan 1896.
Sammlung Zieglgänsberger

Bild 2.23. Behretal zwischen Stiege und Eisfelder Talmühle um 1908. *Sammlung Röper*

Bild 2.24.
Bartschenkulkbrücke um 1908.
Sammlung Röper

Tabelle 2.2. Die Streckenentwicklung

Eröffnungsdatum	Streckenabschnitt		Streckenlänge in km
7. August 1887	Gernrode—Mägdesprung (GV 5. 1. 88)		10,2
1. Juli 1888	Mägdesprung—Alexisbad		4,4
	Alexisbad—Harzgerode		2,9
1. Juli 1889	Alexisbad—Silberhütte		3,2
1. Juni 1890	Silberhütte—Güntersberge		9,3
1. Dezember 1891	Güntersberge—Stiege		8,6
1. Mai 1892	Stiege—Hasselfelde		4,9
15. Juli 1905	Stiege—Eisfelder Talmühle		8,6
		Gesamt 1945	52,1
Abbau Sommer 1946			
Restbestand:	Hasselfelde—Eisfelder Talmühle		13,5
	Lindenberg—Flußspatschacht		2,0
		Gesamt 1946	15,5
Wiederaufbau			
15. Mai 1949	Gernrode—Alexisbad—Straßberg (Lindenberg)		21,8
Juli 1950	Alexisbad—Harzgerode		2,9
30. November 1983	Straßberg—Stiege		13,9
Mai 1984	Wendeschleife Stiege (Neubau)		0,4
Bestand	Hasselfelde—Eisfelder Talmühle		13,5
		Gesamt 1984	52,5

Schwellen gelegt waren. Um ein Wandern der Schwellen zu vermeiden, waren Wanderstützen eingebaut.

Die Fahrzeit zwischen Hasselfelde und Eisfelder Talmühle sollte bei 13,5 km Streckenlänge 20 Minuten betragen. Um das zu gewährleisten, waren drei neue, leistungsstarke Mallet-Lokomotiven bestellt worden. Damit wich die Höchstgeschwindigkeit auf dem neuen Abschnitt erheblich von der auf der Stammstrecke ab.

Im Jahre 1905 wurde die Betriebsführung der neuen und auch die der Stammstrecke Gernrode—Stiege von der GHE selbst übernommen. Das war Anlaß, die Gleisanlagen gründlich durchzuarbeiten, den Wagenpark durch größere und stabilere Fahrzeuge zu ergänzen, die Balancierkupplung einzuführen und die Heberlein-Seilzugbremse durch die Körting-Saugluftbremse abzulösen.

Eine Geschäftsanalyse der Gernrode-Harzgeroder Eisenbahn durch den Landtag von Anhalt im Jahre 1908 ergab, daß die GHE ein aufsteigendes Unternehmen sei; die Betriebsüberschüsse betrugen nach Abzug des Erneuerungsfonds 34 000 Mark. So beschloß der Landtag, ein Darlehen von 180 000 Mark zur Verfügung zu stellen:
18 000 Mark zur Ausstattung alter Güterwagen mit neuen Bremsen,
64 000 Mark zur Beschaffung neuer Güterwagen,
77 800 Mark zur Verbesserung der Bahnhofsanlagen,
20 000 Mark zur Deckung der Mehrkosten, die beim Bau des Streckenabschnitts Stiege—Eisfelder Talmühle entstanden waren.

Die Entwicklung von 1910 bis 1946

Der Ausbau der Bahn hat sich positiv für die Orte Stiege und Hasselfelde ausgewirkt. Schnellere Verkehrsverbindungen waren geschaffen worden, die eine Steigerung des Tourismus zur Folge hatten. Die geplante Verbindung Hasselfelde—Rübeland wurde zunächst zurückgestellt, doch der erste Weltkrieg und die nachfolgenden Wirtschaftskrisen verhinderten die Ausführung dieses Projektes schließlich für immer. Jedoch wurde am 1. Mai 1913 im Bahnhof Sorge (Nordhausen—Wernigeroder Eisenbahn) ein 230 m langes Verbindungsgleis von der Strecke Brunnenbachsmühle—Tanne (Südharzeisenbahn) dem Verkehr übergeben. Bis dahin war das Gleis der Südharzbahn auf einer Brücke über den Bahnhof

Sorge hinweggeführt, ohne eine Verbindung mit der Harzquerbahn zu haben! Konkurrenzfurcht hatte zu diesem Schildbürgerstreich geführt.

Durch das neue Verbindungsgleis war ein zusammenhängendes 1 000-mm-Schmalspurnetz von 177,95 km entstanden, das technisch als einheitlich bezeichnet werden konnte, da die Fahrzeuge aller drei Bahnen (GHE, NWE und SHE) über ein gleiches Kupplungssystem und über miteinander funktionsfähige Bremsen verfügten.

Um den Reiseverkehr zu fördern, hatte die GHE ihre Fahrpläne weitestgehend denen der Staatsbahn angeglichen. Da auch Verkehrsvereine durchgehende Fahrkarten von Berlin über Gernrode nach Alexisbad durchsetzten und die Sonntagsrückfahrkarten nun von Sonnabendmittag an gültig wurden, konnte die GHE im Jahre 1910 bereits 220 000 Personen und 92 000 t Güter befördern. Für den Güterverkehr kaufte man von den Ruhr-Lippe-Kleinbahnen eine vierachsige Lokomotive, die GHE Nr. 20. Die Höchstgeschwindigkeit der Maschine betrug nur 20 km/h; aber sie besaß eine große Zugkraft, was ihr den respektvollen Namen „Bulle" einbrachte.

Überblickt man den Zeitabschnitt von der Gründung der Bahn bis zum Jahr 1914, so zeigt sich wirtschaftlich wie technisch eine positive Entwicklung. Die Bahn hatte nicht nur der Bevölkerung im Ostharz neue Arbeitsplätze geschaffen, sondern Angehörigen der unteren Einkommensstufen auch ein billiges und beliebtes Verkehrsmittel. Diese Entwicklung wurde jäh durch den ersten Weltkrieg unterbrochen. Die drei Mallet-Lokomotiven von Borsig, erst neun Jahre alt, mußten an die Heeresfeldbahnen abgegeben werden. Mit den Lokomotiven zogen auch die Personale in den Krieg. Die GHE-Lokomotive Nr. 20, der „Bulle", war schon verladen, durfte dann aber doch zurückbleiben. Auch 25 offene Wagen beschlagnahmte die Kommission der Heeresfeldbahnen.

Bald stellten sich Schwierigkeiten im Betriebsdienst ein. Die Beförderungsleistungen im Güterverkehr stiegen zwar infolge der Rüstungswirtschaft (Silberhütte, Harzgerode) an und erbrachten etwa 20 Prozent höhere Einnahmen. Diese Leistungen mußten aber mit verringerten Betriebsmitteln von weniger Personal erbracht werden, so daß Überlastungen bei Mensch und Maschine auftraten. 1916 konnten die meisten offenen Wagen von der Heeresfeldbahn wieder zurückgekauft werden. Weiterhin wurden zur Verstärkung Kriegsgefangene und Frauen eingesetzt.

Bild 2.25. Bahnhof Eisfelder Talmühle um 1914.   *Sammlung Schmidt †*

Bild 2.26.
GHE-Lokomotive Nr. 20,
genannt „Bulle", um 1927.
Sammlung Zieglgänsberger

Trotzdem lastete die Kriegswirtschaft schwer auf den Schultern der Eisenbahner. Neun Betriebsangehörige kehrten aus dem Krieg nicht zurück. 1918 ruhte tagelang der Verkehr, weil Kohle fehlte.

Die mit der Nachkriegswirtschaft verbundene Geldentwertung löste den nächsten Rückschlag aus. Die Betriebskosten stiegen an, Kohle und Öl wurden teurer, die Beförderungsleistungen sanken. Lokomotiven und einige Wagen, die zu Beginn des Krieges abgegeben worden waren, kamen nicht oder erst spät zurück. Die Bahnhofsanlagen waren inzwischen so überaltert, daß Ladestraßen und andere Einrichtungen dringend der Erneuerung bedurften. Der Rücklagefonds verlor durch die Inflation rasch an Wert. 1918/19 wurden 254 696 Personen und 91 047 t Güter befördert. 1924 waren es nur noch 118 860 Personen und 51 534 t Güter. Die Gewinne pro Personenkilometer fielen auf 0,09 Pfennig. In dieser Situation versuchten die privaten Aktieninhaber wie das Bankhaus Nußbaum & Rothschild in Magdeburg, GHE-Aktien abzuschieben. Die Generalversammlung sah sich schließlich gezwungen, den Wert der GHE-Aktien von 1 000 RM auf 500 RM herabzusetzen.

Die Stillegung wenig frequentierter Streckenteile sollte die wirtschaftlichen Einbrüche aufhalten. So stellte man die Strecke Stiege—Eisfelder Talmühle ein. Etwa ein Jahr lang, vom Herbst 1923 bis zum Jahresende 1924, ruhte dort jeglicher Verkehr, obwohl einst diese Strecke zur weiteren Entwicklung der Bahn beigetragen hatte. Eisenbahndirektor Koch (GHE) verteidigte die Stillegung mit der schlechten Auslastung aller Bahnanlagen. Anfang des Jahres 1923 hatte die Bahn auf dem oben genannten Abschnitt im Monat nur etwa 30 bis 40 Ladungen und ungefähr 300 Personen befördert. Außerdem handelte die GHE-Verwaltung in dieser Zwangslage wie jeder auf Gewinn angewiesene privatkapitalistische Betrieb: sie entließ 25 Prozent des Eisenbahnpersonals.

Damit war der Eisenbahnverkehrsweg der an der Südstrecke gelegenen Orte nach Nordhausen abgeschnitten. Besonders Wirtschaft und Handel bekamen diese Stillegung deutlich zu spüren. Aus diesem Grunde wurden deren Vertreter bei der Nordhausen-Wernigeroder Eisenbahn vorstellig, ob sie ihren alten Plan von 1914, eine Bahnverbindung von Hasselfelde über Trautenstein nach Benneckenstein zu bauen, verwirklichen könne. Dabei zog man in Betracht, die stillgelegte Strecke wieder mitzubenutzen und die Gleise dreischienig auszubauen, um regelspurige Wagen ohne Umladung befördern zu können.

Das war natürlich alles ein Wunschtraum. Allein der schmalspurige Ausbau von Benneckenstein nach Hasselfelde hätte mehr als 1 Million Goldmark gekostet. Diese Geldmenge war unter keinen Umständen zu beschaffen.

Da auch andere Bahnen unter den wirtschaftlichen Schwierigkeiten der Zeit litten, hatten die im Freistaat Anhalt und den angrenzenden Gebieten liegenden Bahnunternehmen bereits im Jahre 1920 die Anhaltische Landeseisenbahngemeinschaft (ALE) gebildet. Bei diesem am 22. September 1920 erfolgten wirtschaftlichen Zusammenschluß handelte es sich um eine Interessengemeinschaft, der diejenigen Bahnen beitreten sollten, die keinem privaten Eisenbahnkonzern angehörten.

Im § 2 der Satzung hieß es:
„Die ALE hat zum Zweck die Übernahme und Durchführung gemeinschaftlicher oder gleichartiger Aufgaben und Geschäfte beim Bau, dem Betrieb, der Verwaltung und der Verkehrsabwicklung von Eisenbahnen in Anhalt sowie die Wahrnehmung und Vertretung der Interessen dieser Eisenbahnen."

Jede Bahn hatte Vertreter im Verwaltungsrat, und zwar entsprechend der Größe des Unternehmens nach der Streckenlänge. Die ALE wurde durch finanzielle Beiträge der Mitgliedsbahnen erhalten und hatte keine eigenen Gewinne.

Zur ALE gehörten die
— Dessau-Wörlitzer Eisenbahn AG mit 18,7 km Streckenlänge in Regelspur,
— Gernrode-Harzgeroder Eisenbahn mit 52,1 km Streckenlänge in 1 000-mm-Spur,
— Zschornewitzer Kleinbahn-AG mit 16,8 km Streckenlänge in Regelspur,
— Staßfurt-Löderburger Kleinbahn-AG mit 6,7 km Streckenlänge in 1 000-mm-Spur.

Die beiden letztgenannten Bahnen befanden sich überwiegend auf preußischem Territorium, deshalb trugen sie auch die Bezeichnung Kleinbahn; die Staßfurt-Löderburger Kleinbahn-AG betrieb hauptsächlich die Straßenbahn in der Stadt Staßfurt, besaß aber auch zwei vierachsige elektrische Lokomotiven sowie Güterwagen zum Transport von Braunkohle. Die ALE konnte in der wirtschaftlich schweren Zeit der Inflation das Schlimmste verhindern, d. h. den drohenden Konkurs der Mitgliedsbahnen abwenden.

Obwohl sich im Jahre 1925 die allgemeine wirt-

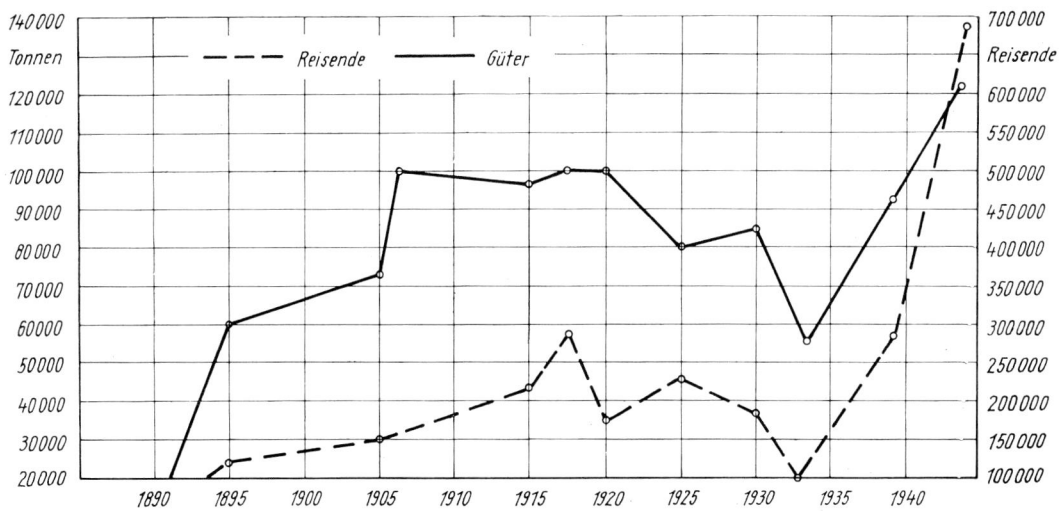

Bild 2.27. Verkehrsleistungen der GHE von 1887 bis 1943.   Quelle: Geschäftsberichte der GHE

schaftliche Lage leicht zu erholen begann, erreichten bei der GHE die Beförderungsleistungen nur 40 Prozent des Vorkriegsstandes. Dennoch mußten die Strecken dringend durchgearbeitet werden. 1924/25 wurde der Oberbau des Abschnitts Mägdesprung—Sternhaus-Ramberg erneuert (Form 130:27 kg/m). Auch die Betriebsmittel, vor allem die sechs C-Lokomotiven, waren überaltert und konnten die Betriebsaufgaben nur schwer erfüllen. 1928 beschaffte deshalb die Gernrode-Harzgeroder Eisenbahn zwei fünffachsige Heißdampflokomotiven zu einem Gesamtpreis von 145 000 Mark. Diese Lokomotiven, gebaut von der Firma Orenstein & Koppel, erhielten die Nummern GHE 21 und 22. Ähnliche Lokomotiven kaufte zur gleichen Zeit auch die Südharzeisenbahn. Das war seit 1911 die erste Fahrzeugbeschaffung bei der GHE. Die jüngste Lokomotive, die GHE 20, war 18 Jahre alt und als einzige in der Lage, schwere Güterzüge zu transportieren.

Neben den allgemeinen Schwierigkeiten bedrängte die Konkurrenz die Bahn hart. Nicht nur im Personenverkehr, sondern auch im Gütertransport wechselten Bahnkunden zum Kraftverkehr. So entschied man sich 1925 bei der GHE, einen eigenen Kraftverkehr einzurichten. Dennoch fehlte es derart an Einnahmen, daß die GHE drohte, ihren hauptsächlich auf dem braunschweigischen

Kreis Blankenburg liegenden Streckenteil von Anschluß Fluor bis Eisfelder Talmühle zu schließen. Der jährliche Zuschuß von 76 000 RM könne weiterhin nicht aufgebracht werden, hieß es in der Verlautbarung. Um Hasselfelde und Stiege nicht wieder vom Eisenbahnverkehr abschneiden zu lassen, subventionierte der Kreis Blankenburg diese Strecke. Auf Protest der GHE mußte schließlich auch die Deutsche Reichspost eine erst kürzlich eröffnete KOM Linie Blankenburg—Hasselfelde—Stiege wieder stillegen.

Die Wirtschaftskrise traf naturgemäß die Beschäftigten der Bahn am härtesten. Wie stark die Not gewesen sein muß, ist allein aus der Tatsache ersichtlich, daß Oberbahnmeister Thiele aus Stiege, Vorsitzender des Angestelltenrates, die Direktion „bat", für Beamte und Angestellte die Reichsbesoldung einzuführen. Das war angesichts der für ihre Genügsamkeit und Disziplin bekannten Eisenbahner der drei Schmalspur-Harzbahngesellschaften ein nahezu „revolutionärer" Schritt! Die Direktion lehnte dann auch prompt dieses „Ansinnen" mit folgender Begründung ab: Die Beamten der Halberstadt-Blankenburger Eisenbahn und auch der Harzquerbahn erhalten nur 83 Prozent der Reichsbesoldung, die Angestellten der GHE hingegen bereits 93 Prozent. Außerdem werde die Bahn im Reichsmaßstab als notleidendes Unternehmen eingeschätzt. Weiterhin wurde

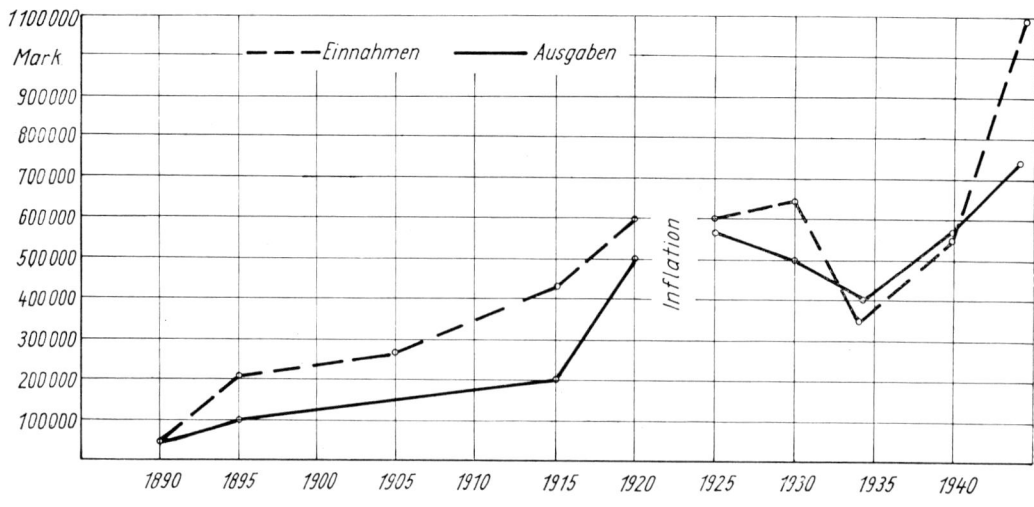

Bild 2.23. Einnahmen und Ausgaben der GHE von 1887 bis 1943.   Quelle: Geschäftsberichte der GHE

angeführt, daß die Verdienste bei der GHE in Bezug auf das Lohnniveau des Ostharzes sehr gut seien.

Die Wirtschaftsmisere hielt an. Nach einer unumgänglichen Oberbauerneuerung zwischen Alexisbad und Harzgerode in den Jahren 1928/29 gab der Aufsichtsrat im Jahre 1931 folgenden Bericht zur Lage der Bahn:

Am Ende der Inflationszeit betrugen die Bahnanlagenwerte 33 Prozent des Betriebskapitals, die untere Grenze des noch möglichen. Die Bahnanlagen seien stark überaltert und abgenutzt. In den Jahren 1904 bis 1906 wären zwar die Strecken mit stärkerem Oberbau versehen worden, doch an Schienenmaterial hätte man verwenden müssen, was die Staatsbahn nach 25- bis 30jährigem Gebrauch abgegeben habe. (Es ist an dieser Stelle interessant zu erwähnen, daß diese Schienen aus den siebziger Jahren des 19. Jahrhunderts auf dem Streckenabschnitt Straßberg — Verladestelle Fluor 100 Jahre in Benutzung blieben. Erst dann wurden die letzten aus den Gleisanlagen des Bahnhofes Straßberg entfernt). Die Weichen auf den Hauptgleisen seien nach 25jähriger Benutzung vollständig ausgefahren gewesen. Deshalb mußten für den Einbau neuer Weichen in den Bahnhöfen Gernrode, Alexisbad, Mägdesprung und Harzgerode etwa 150 000 Mark aufgebracht werden. Zugleich habe die Anschaffung der beiden neuen Lokomotiven, der GHE 21 und

22, die gleiche Summe erfordert, so daß die Aufnahme einer Anleihe von 338 000 Mark notwendig gewesen wäre. Der Rücklagefonds und die Entschädigung für die drei im Kriege verbliebenen schweren Lokomotiven hingegen hätten durch die Inflation ihren Wert verloren. Die alten dreiachsigen Lokomotiven seien Kohlefresser und verursachten immer höhere Reparaturkosten: mit der gleichen Kohlemenge der alten würden die beiden neuen Lokomotiven das 2,5fache leisten. Trotz des eigenen Kraftverkehrsunternehmens sei die Konkurrenz dritter Kraftwagenunternehmer nicht auszuschließen. Die weitere allgemeine Verschlechterung der Wirtschaftslage senke ständig die Einnahmen.

Fazit: Radikale Sparmaßnahmen sollen eingeführt werden, darunter der weitere Abbau des Personals und die Kürzung der Lohnsumme um 20 000 bis 25 000 Mark. Es wurde auch vorgeschlagen, den schon bestätigten Sommerfahrplan um 15 Prozent zu kürzen.

Zur Zeit seien bei der Bahn beschäftigt: 43 Beamte, 79 Arbeiter, davon 30 Bahnunterhaltungsarbeiter und 14 Werkstattarbeiter.

An Betriebsmitteln seien vorhanden: 9 Lokomotiven, 24 vierachsige Personenwagen, 6 Packwagen, 101 Güterwagen; an Ausrüstungen: Wasserstationen, ein Umladekran, Gleiswagen, Lokkräne.

Von der Firma Kraftfahrzeuglinien der Ostharzbahn GmbH würde die GHE übernehmen: einen

Kraftomnibus, einen Lastkraftwagen mit Anhänger sowie ein Motorrad.

Das Rechnungsjahr 1931/32 brachte einen Rückgang der Beförderungsleistungen unter 45 Prozent des Durchschnittswertes. Die ökonomische Bilanz geriet tiefer in die roten Zahlen, es entstanden Verluste in Höhe von 27 000 Mark pro Jahr. Daran änderte auch die Einrichtung von zwei weiteren Kraftfahrzeuglinien nichts.

Als Konkurrenz der GHE wurde, wenn auch nur in geringem Maße, die Harzquerbahn betrachtet. So versuchte die GHE, Güterladungen auf das eigene Netz umzuleiten, um die Einnahmen daraus für sich buchen zu können. Güterwagen von Hasselfelde, die nach Süden adressiert waren und über Eisfelder Talmühle nach Nordhausen (NWE) geleitet werden sollten, fertigte man kurzerhand über Gernrode ab, um die Ladungen länger im eigenen Netz zu haben und Tarifkilometer zu gewinnen. Das brachte natürlich der NWE-Verwaltung Einbußen am Gewinn, und sie forderte Ersatzleistungen. Dadurch verschlechterte sich das Verhältnis zwischen den beiden Bahnen, so daß es auch zu Streitigkeiten um Bodenrechte im Bahnhof Eisfelder Talmühle kam, in deren Folge es kein Gemeinschaftsgleis mehr gab.

Inzwischen waren auf der Brohltalbahn im Rheinland Versuche mit Holzgastriebwagen angelaufen, für die sich die GHE interessierte. Es stellte sich aber heraus, daß Dieseltriebwagen im Betrieb billiger sind. Obwohl auf den Strecken der GHE Ende der zwanziger Jahre vierachsige Triebwagen für den Export nach Brasilien mit Erfolg getestet worden waren und die Südharzeisenbahn 1931 in eigener Werkstatt einen vierachsigen Dieseltriebwagen gebaut hatte, lagen in

Deutschland noch wenig Erfahrungen mit diesen Fahrzeugen auf Gebirgsbahnen vor. Die GHE entschied sich daher für die Beschaffung eines kleinen, zweiachsigen Dieseltriebwagens mit 34 Sitzplätzen von der Waggonfabrik Dessau, der im Jahr 1933 geliefert wurde. Dieser Wagentyp wurde für verschiedene Bahnen gebaut.

Durch den Einsatz dieses Triebwagens, der sich bei den Reisenden großer Beliebtheit erfreute, konnten unwirtschaftliche Dampffreizüge entfallen. Die Betriebskosten für einen Dampfzug betrugen 2,50 RM/km, die des Triebwagens 0,35 RM/km. Der GHE T1 genannte Wagen wurde deshalb häufig auf dem schwach frequentierten Abschnitt Alexisbad—Stiege eingesetzt. Zugleich erörterte man die Beschaffung eines zweiten Triebwagens. Doch Eisenbahndirektor Uflacker (ALE) entschied sich für einen weiteren Kraftomnibus, da dieser universeller einsetzbar war. Dennoch verbesserte bereits der eine Triebwagen die wirtschaftliche Bilanz. Die Personenbeförderungsleistungen stiegen wieder an.

Als der zweite Weltkrieg ausbrach, beschäftigte die GHE 124 Arbeiter, Angestellte und Beamte. Zehn Prozent der Belegschaft wurden sofort zum Militärdienst einberufen. Bis dahin hatte die GHE ihre Schulden von einer halben Million RM noch nicht tilgen können. Deshalb sollte 1940 der Streckenabschnitt Hasselfelde—Stiege—Eisfelder Talmühle an die Nordhausen-Wernigeroder Eisenbahn verpachtet oder für 400 000 RM verkauft werden. Bei dem Gegenangebot der NWE von 170 000 RM als Kaufsumme bzw. einem Aktientausch von vier GHE-Aktien gegen eine NWE-Aktie kam der Handel trotz langem Hin und Her nicht zustande.

Zu jener Zeit wurde letztmalig das Projekt ins Auge gefaßt, den Harz mit einer regelspurigen und noch dazu elektrifizierten Bahn zu überqueren. Man beabsichtigte, diese Bahn als Teil der Strecke Hamburg—München auf der Trasse der Halberstadt-Blankenburger Eisenbahn (Rübelandbahn) bis Hüttenrode und dann über die Mauer der Rappbodetalsperre hinweg nach Hasselfelde—Stiege zu führen, um dann den Harz durch das Behretal in Richtung Nordhausen zu verlassen. Während die NWE dieses Projekt scharf ablehnte, begrüßte es die GHE. Nun bestand nämlich die Möglichkeit, den unrentablen Streckenabschnitt Hasselfelde—Stiege—Eisfelder Talmühle günstig loszuwerden. Östlich Hasselfelde sollten der neue 800 m lange und südlich des Bahnhofs Stiege der 500 m lange regelspurige Bahnhof

Bild 2.29. Triebwagen T 1 der GHE im Bahnhof Gernrode. *Sammlung Fiebig †*

55

entstehen. Hier war eine Rollbockgrube geplant, und der Rollbockverkehr Stiege—Alexisbad—Harzgerode hätte damit aufgenommen werden können. Die Bahnkunden warteten schon längst auf eine unmittelbare Verladung in Regelspurwagen. Bis zur Realisierung dieses Wunsches vergingen aber noch 40 Jahre.

Ein anderer Versuch, die GHE wirtschaftlich aufzufrischen, war 1942 die Fusion mit der Dessau-Wörlitzer Eisenbahn, die ebenfalls der Anhaltischen Landeseisenbahngemeinschaft angehörte. Während des Krieges stiegen die Beförderungsleistungen wieder an. Das war erstrangig darauf zurückzuführen, daß viele Kraftfahrzeuge, auch einige der GHE, für Kriegszwecke abgeliefert werden mußten. Die Bahn rückte dadurch als Transportmittel für Personen und Güter zwangsläufig wieder in den Vordergrund.

Angesichts dieser neuen Konjunktur ging die GHE daran, die schon zehn Jahre zuvor notwendig gewordene Ausmusterung der alten, dreiachsigen Lokomotiven vorzubereiten. Als Ersatz bestellte man bei Krupp zwei neue Lokomotiven. Dabei handelte es sich um Maschinen aus der für Schmalspurbahnen entworfenen Serie der Achsfolge 1'C1', 1'D1', die den Einheitslokomotiven der Reichsbahn ähnlich waren. Die Harzquerbahn hatte 1939 eine einzige Lokomotive dieser Serie erhalten. Es handelte sich um eine 1'C1'-Maschine, die bei der NWE die Nummer 21 trug und später bei der DR die Betriebsnummer 99 6001 bekam. Nach der Beschaffung neuer Lokomotiven für die Harzquer- und Brockenbahn wurde sie zur Selketalbahn umgesetzt. Sie zeigte hier sehr gute Betriebseigenschaften und hat sich ausgezeichnet bewährt.

Während des Krieges konnte noch das 1,5 km lange Anschlußgleis zur Flußspatgrube (Herzogschacht) für 65 000 M gebaut werden. Kleineisen und gebrauchte Schienen stellte dabei das Reichsbahnzentralamt München zur Verfügung. Und so kam es, daß im Harz nun auch Schienen der bayrischen Form VIII zu finden waren. Vorher hatte man den Flußspat auf einer Feldbahn transportiert, deren Wagen durch Pferde zur Verladestelle der GHE gezogen wurden. In der Nacht vom 7. zum 8. März 1945 wurde bei einem anglo-amerikanischen Luftangriff auf die Stadt Dessau das Verwaltungsgebäude der ALE im Stadtzentrum vollständig zerstört. Die Verwaltung fand danach auf dem Bahnhof Oranienbaum der Dessau-Wörlitzer Eisenbahn einen neuen Sitz. Etwa vier Wochen später wurde das Gelände der GHE

von amerikanischen Truppen besetzt. Kriegszerstörungen gab es nicht. Der Eisenbahnbetrieb wurde trotzdem stillgelegt.

Am 4. Mai 1945 soll jedoch teilweise der Verkehr wieder aufgenommen worden sein. Wie es damals üblich war, hatten die US-amerikanischen Besatzungstruppen ihre Eigentumszeichen an die Fahrzeuge angebracht. Indem im Juli 1945 die sowjetischen Truppen die in Jalta ausgehandelten Räume einnahmen, kam das Gebiet um die GHE zur sowjetischen Besatzungszone. Bald konnte der volle Bahnbetrieb wieder aufgenommen werden. Doch laut Potsdamer Abkommen hatte Deutschland Wiedergutmachungsleistungen zu erbringen, die auch fast alle Fahrzeuge und Anlagen der GHE betrafen. So endete am 6. April 1946 der Verkehr auf der GHE. Da der Abschnitt Hasselfelde—Eisfelder Talmühle nicht demontiert worden war, konnte die NWE diesen Abschnitt bereits ab 15. April in Betrieb nehmen.

Der Abbau der Gleisanlagen ging von Stiege her in Richtung Gernrode vonstatten. Das Streckenstück von Kilometer 23 an der Selkebrücke nahe der damaligen Verladestelle Fluor bis zum Bahnhof Lindenberg einschließlich des Anschlußgleises zum Herzogschacht (Spatgrube) blieb von der Demontage ausgenommen.

Im Sommer 1946 war die Demontage beendet. Der Kraftverkehr der GHE, der nur noch wenige Fahrzeuge besaß, wurde vom Bahnbetrieb getrennt. Die Lokomotive „Gernrode", die die Demontagezüge befördert hatte, wurde nach Beendigung dieser Arbeit mit einem Culemeyerfahrzeug der Reichsbahndirektion Halle nach Lindenberg gebracht und der GHE von der Wirtschafts-

Bild 2.30. Bahnhof Eisfelder Talmühle um 1940. Paketkarren vor dem kombinierten Post-/Gepäckwagen 63 der GHE. *Sammlung Frenzel*

abteilung der SMAD leihweise zur Verfügung gestellt. Sie transportierte nun in einigen Güterwagen den Flußspat vom Schacht bis zum Bahnhof Lindenberg, wo Lastkraftwagen den Weitertransport übernahmen. Ein Lkw-Transport direkt ab Schacht war wegen des Mangels an ausgebauten Straßen nicht möglich. An Fahrzeugen besaß die Bahn außer der Lokomotive „Gernrode" zwei vierachsige Gedeckte Güterwagen und einige zweiachsige Offene Gütterwagen sowie den zweiachsigen Kesselwagen der Fluorfabrik. Auf dem Netz der NWE befanden sich noch der Triebwagen GHE T 1 (in Eisfelder Talmühle) und einige zweiachsige Gedeckte Güterwagen.

3. Die Selketalbahn

Im Oktober 1946 begannen die Vorarbeiten zum Wiederaufbau der Bahn. Die Hochbauten wie auch die Wasserdurchlässe waren größtenteils in Ordnung, auf der Trasse lagen noch die Schwellen. Obwohl „nur" die Schienen und Weichen wieder gelegt werden mußten, war der Wiederaufbau unter den Bedingungen der unmittelbaren Nachkriegszeit sehr schwer und erforderte einen hohen Einsatz der Eisenbahner. Die Betriebsleitung in Alexisbad organisierte gemeinsam mit der Abteilung Wirtschaft und Verkehr des Rates des Kreises Ballenstedt die Arbeiten; die technische Leitung übernahmen die Provinzial-Sächsischen Kleinbahnen.

zur Verfügung gestellt worden. Aus der Vielzahl der Quellen ergaben sich die verschiedensten Schienenprofile mit den unterschiedlichsten Steghöhen und Kopfbreiten, was zusätzliche Anpaßschweißungen notwendig machte. Zum Teil mußten die Schienen mit Pferdefuhrwerken von Ballenstedt aus herangefahren werden. Die Eisenbahner der GHE haben hierbei großen Ideenreichtum entwickelt. So sind mit einfachen Mitteln aus Regelspurweichen Schmalspurweichen, ja sogar doppelte Kreuzungsweichen gefertigt worden.
Am 20. März 1946 forderte die Belegschaft der GHE auf einer Versammlung die restlose Über-

Bild 3.1. Verbindung unterschiedlicher Schienenformen.
Foto: G. Zieglgänsberger

Bild 3.2. Provisorien halten lange: noch 1974 auf der Selketalbahn zu sehen gewesen. *Foto: G. Zieglgänsberger*

Ende 1947 lagen in Richtung Alexisbad bereits 7 km Gleis. Das Schienenmaterial stammte von den verschiedendsten Eisenbahnanlagen, darunter von Werksgleisen demontierter Rüstungsbetriebe wie den Junkers Flugzeugwerken, oder waren durch die Sowjetische Militäradministration

führung der Bahn in das Eigentum des Kreises bzw. der Provinz Sachsen. Bald hörte die Bahn auf, als Aktiengesellschaft zu existieren. Gemäß Volksentscheid war sie entschädigungslos in Volkseigentum übergegangen. Damit ist zugleich auch die Anhaltische Landeseisenbahngemeinschaft aufgelöst worden. Die GHE gehörte nun zu der Sächsischen Provinzialbahnen GmbH., die bald in die Landesbahnen Sachsen-Anhalt GmbH. umgewandelt wurde. Am 1. April 1949 übernahm die Deutsche Reichsbahn die Gernrode-Harzgeroder Eisenbahn, die damit als eigenständige Bahn aufhörte zu bestehen. Vorgesetzte Verwaltungsbehörde war fortan die Reichsbahndirektion Magdeburg.

Inzwischen ging der Wiederaufbau auch von Gernrode aus in Richtung Alexisbad voran. Anfang des Jahres 1949 trafen sich die Aufbaukolonnen beim Haltepunkt Drahtzug.

Am 8. März 1949 durchschnitten die von der Harzquerbahn umgesetzte Lokomotive Nr. 3 und die „Gernrode" das weiße Band und eröffneten damit den provisorischen Güterverkehr zwischen Gernrode und der Verladestelle Fluor. Als zulässige Höchstgeschwindigkeit wurden 10 km/h festgelegt. Der volle Personen-, Stückgut- und Güterwagenladeverkehr auf der Strecke Gernrode—Lindenberg (ab 1952 Straßberg) konnte am 16. Mai 1949 wieder aufgenommen werden. Der Wiederaufbau dieses Abschnittes hat 740 000 Mark gekostet. Noch im Jahre 1949 konnte auch der Abschnitt Alexisbad—Harzgerode in Angriff genommen und im Juli 1950 für den Verkehr freigegeben werden.

Für die beiden Abschnitte Gernrode—Lindenberg und Alexisbad—Harzgerode hatte die GHE einen Kredit von einer Million Mark erhalten. Der weitere Wiederaufbau des Abschnittes Lindenberg—Stiege war nochmals einer halben Million Mark veranschlagt. Obwohl die Vorteile der Verbindung zwischen Lindenberg und Stiege auf der Hand lagen, überstiegen die Kosten die Wirtschaftskraft. Auch Eisenbahndirektor Uflacker hatte Bedenken, diese einst unwirtschaftliche Strecke wieder aufzubauen. So bestand die Selketalbahn seit Juli 1950 als Inselbetrieb neben der Harzquer- und Brockenbahn. Beide Bahnen hatten 1 000 mm Spurweite, jedoch keine Gleisverbindung miteinander, arbeiteten aber als Betriebsteile der Deutschen Reichsbahn eng zusammen.

Unter den gegebenen Bedingungen gestaltete sich der Fahrzeugeinsatz schwierig. Wenn das bei den leichten Reisezug- und Güterwagen auch weniger ins Gewicht fiel, so war der Lokomotiveinsatz nicht immer problemlos. Heimatdienststelle für alle Lokomotiven wurde das Bahnbetriebswerk Wernigerode-Westerntor. So war es folgerichtig, daß infolge des extrem geringen Original-

Bild 3.3. Bahnhof Stiege 1947/48: Verladen der NWE-Lokomotive Nr. 7 zum Einsatz auf der Selketalbahn. *Sammlung Frenzel*

Lokomotivbestandes auf der Selketalbahn auch Lokomotiven der Harzquer- und Brockenbahn auftauchten. Der Lokomotivaustausch zwischen beiden Bahnen geschah anfangs mit Tiefladern, die den Straßentransport zwischen Alexisbad und Stiege übernahmen. Da Lokomotiven auch unter Dampf transportiert wurden, geschah es mitunter, daß das Begleitpersonal in einem Harzdorf, wo nie eine Eisenbahn verkehrte, zum Gaudium aller Beteiligten und Zuschauer ausgiebig die Dampfpfeife betätigte.

Die Industrie im Selketal hatte durch die Kriegsereignisse kaum gelitten. Deshalb entwickelte sich hier von Anfang an ein sehr reger Güterverkehr. Im Gegensatz zur Harzquerbahn, bei der nachts Betriebsruhe herrschte, fuhren im Selketal die Züge rund um die Uhr. Der Personenverkehr spielte zunächst nur eine untergeordnete Rolle. Die hauptsächlichen Güter, die aus dem Harz abtransportiert wurden, waren Flußspat, Holz, Erzeugnisse der Metallindustrie und Produkte der Pyrotechnischen Fabrik in Silberhütte. In den Harz hinein mußten vor allem Kohle und Metallbarren für die Betriebe in Harzgerode gebracht werden.

Der steigende Güterverkehr erforderte natürlich mehr Fahrzeuge, in erster Linie Lokomotiven. Da auch die Harzquerbahn nur auf ihre alten Lokomotiven angewiesen war, befand man sich ständig auf der Suche nach Maschinen. So kamen 1952 zwei ehemalige französische C1'-Maschinen nach Gernrode, die in Hildburghausen auf den Gleisen der stillgelegten Strecke Hildburghausen—Heldburg gestanden hatten, im Ausbesserungswerk Blankenburg aufgearbeitet worden waren und auch neue Kessel erhalten hatten.

Bild 3.4. Umladeanlage auf Bahnhof Gernrode für Schmalspur- und Regelspurwagen.   *Foto: G. Zieglgänsberger, 1985*

Diese Lokomotiven waren aber für den harten Gebirgseinsatz zu leistungsschwach. Sie wurden später zur ehemaligen Franzburger Kreisbahn nach Barth umgesetzt.

Der zu jener Zeit noch geringe Personenverkehr konnte größtenteils mit dem noch vorhandenen Triebwagen T 1 bewältigt werden.

Die Situation für den Güterverkehr entspannte sich, als 1956 die ersten leistungsstarken Neubaulokomotiven mit der Achsfolge 1'E1' und einer Leistung von 515 kW (700 PS) vom VEB Lokomotivbau „Karl Marx", Babelsberg, im Harz eintrafen. Sie waren zwar wegen des zu leichten Oberbaues und der Engstellen an den Felsdurchbrüchen für die Selketalbahn ungeeignet, bewährten sich aber hervorragend auf der Harzquer- und Brockenbahn, so daß von dort genügend Triebfahrzeuge zur Selketalbahn umgesetzt werden konnten.

Am 1. Oktober 1959 wurde auf der Selketalbahn der vereinfachte Nebenbahndienst eingeführt. Seitdem waren die Bahnhöfe Mägdesprung und Straßberg nur noch zeitweilig besetzt.

Im Jahre 1963 waren Pläne im Gespräch, von Meisdorf — an der Strecke Gernrode—Frose gelegen — eine Regelspurverbindung nach Harzgerode zu schaffen, da sich der Umschlag aller Güter zwischen Schmal- und Regelspurwagen mit der Zeit als zu aufwendig erwies, zumal mit der fortschreitenden Industrialisierung des Harzes der Warenstrom permanent zunahm. Diese Pläne lösten sich jedoch rasch wieder auf. Übrig blieb die Investition einer Krananlage in Gernrode, mit der Stück- und Massengüter von der einen auf die andere Spur gehoben werden konnten.

Der bis dahin als VT 133 522 noch immer fleißig Dienst tuende Triebwagen der Selketalbahn wurde 1963 aus der Fahrt genommen, um fortan nur noch als Gerätewagen und leichter Hilfszug zur Verfügung zu stehen. Sein Standort wurde wieder Gernrode, wo er nun seit 1983 als historisches Fahrzeug der DR aufbewahrt wird.

Die Selketalbahn hatte die Folgen des Krieges überwunden und nahm wirtschaftlich eine gesunde Entwicklung, als im Jahre 1966 im Generalverkehrsplan die Festlegung getroffen wurde, sie

Bild 3.5. Als diese Aufnahme 1973 entstand, war der Fortbestand der Selketalbahn bereits gesichert. Güterzug mit Personenbeförderung (GmP) auf Bahnhof Alexisbad, die Reisezugwagen noch in alter Farbgebung. *Foto: Scheibe*

zum Beginn der siebziger Jahre stillzulegen und die Verkehrsleistungen dem Kraftverkehr zu übertragen. Die am Ort geäußerten starken Bedenken führten zu keiner Revision des Beschlusses.

Fortan wurde auf Verschleiß gefahren, d. h., es wurden nur noch die allernotwendigsten Reparaturen an Oberbau und Strecken, an Fahrzeugen und Gebäuden vorgenommen. Ab 1. Februar 1968 fand in Mägdesprung kein Verkauf von Fahrkarten, keine Abfertigung von Reisegepäck und Expreßgut mehr statt. Der Bahnhof blieb unbesetzt, Fahrkarten verkaufte das Begleitpersonal im Zug. Als 1971 die Lok 99 5905 beschädigt wurde, musterte sie das Reichsbahnausbesserungswerk Görlitz aus. Die 99 5902 blieb in Wernigerode „auf dem Rand" stehen. Den Lokomotivschuppen in Harzgerode übergab man dem Kraftverkehr; 1971 kam es zu seinem Abriß.

So schien das Ende der Bahn schon besiegelt zu sein, als am 5. September 1972 durch den Minister für Verkehrswesen im Einvernehmen mit den Räten der Bezirke entschieden wurde, die Selketalbahn, die Harzquer- und Brockenbahn sowie weitere sieben Schmalspurbahnen in der DDR

Bild 3.6. Modelleisenbahner helfen im August 1977 bei Mägdesprung den Oberbau zu erneuern. *Foto: Röper*

Bild 3.7. Heute schon Vergangenheit: Schmalspurgüterwagen mit Flußspat in Straßberg. *Foto: G. Zieglgänsberger, 1984*

Bild 3.8. Ein Güterzug mit Personenbeförderung (GmP) bei Silberhütte — bis 1985 die typische Zugformation auf der Selketalbahn. *Foto: G. Zieglgänsberger, 1984*

Bild 3.9. Reine Personenzüge auf der Selketalbahn – seit 1985 (hier in Friedrichshöhe) keine Seltenheit mehr.
Foto: *G. Zieglgänsberger, 1985*

nicht stillzulegen, sondern sie als technische Denkmäler und Touristenattraktionen funktionstüchtig zu erhalten. Im Zusammenhang damit wurde speziell für die beiden Harzbahnen festgelegt, den Streckenabschnitt Straßberg—Stiege wieder herzurichten, um so beide Inselbetriebe abermals zu einem Netz zu vereinigen. Für die Harzbahnen lagen diesem Beschluß natürlich nicht nur museale Überlegungen zugrunde, sondern auch handfeste wirtschaftliche Gegebenheiten.

Nach diesem Beschluß zum „Weiterleben" gingen die Beteiligten daran, die vernachlässigten Anlagen schnell wieder in Ordnung zu bringen. Dabei war zur allgemeinen Überraschung festzustellen, daß der Kreis der „Beteiligten" weit über die unmittelbar betroffenen Eisenbahner hinausging: In den Sommermonaten rückten Studentenbrigaden — sogar aus Polen — an, um persönliches Interesse an der Schmalspurbahn mit dem notwendi-

gen staatlichen Praktikum zu verbinden. Zugleich trug diese Art von nützlicher Semesterferiengestaltung in einer landschaftlich reizvollen Umgebung zur Sanierung des Geldbeutels bei. Zu ihnen gesellten sich Scharen von Modelleisenbahnern, von Freunden der Eisenbahn, die aus reinem Enthusiasmus im Schweiße ihres Angesichts einen Teil ihres Urlaubs opferten.

Das Weichenwerk in Brandenburg lieferte Stahlschwellen. Schienen rollten an. So konnten denn auch die Eisenbahnzüge bald wieder rollen. Und da der Bedarf an Transportraum rasch anwuchs, wurden auch die schon abgestellten Lokomotiven erneut in den Reparaturplan aufgenommen. Die 99 5902 erhielt im Bahnbetriebswerk Wernigerode eine totale Aufarbeitung, die übrigen Mallet-Maschinen wurden im Ausbesserungswerk Görlitz instand gesetzt.

Trotz aller Bemühungen um eine rasche Oberbauerneuerung kam es am 4. Oktober 1974 bei

Bild 3.10. Die Selketalbahn heute: Regelspurwagen im Huckepack auf Rollwagen, gezogen von einer 1E1, hier in Silber-hütte. Foto: *G. Zieglgänsberger, 1985*

Drahtzug zu einem Unfall: Eine Spurerweiterung ließ vier Wagen eines Zuges entgleisen und umstürzen. Glücklicherweise gab es neben ein paar Verstauchungen und Hautabschürfungen bei den Reisenden nur Sachschaden. Doch der war erheblich: Nach schwieriger Bergung mußten ein Reisezugwagen und ein kombinierter Reisezug-Gepäckwagen verschrottet werden. Lediglich für einen weiteren Gepäckwagen und einen Güterwagen lohnte sich der Wiederaufbau.

Durch den Unfall mit der zeitaufwendigen Bergung mußte der Betrieb unterbrochen werden. Das war Anlaß, nunmehr Hilfe aus dem Direktionsbezirk zu organisieren: Bahnmeistereien aus Salzwedel, Stendal, Güsten, Quedlinburg und Wernigerode rückten an. Binnen kurzer Zeit bauten sie 10 000 Schwellen ein und erneuerten sie 7 000 m Gleis.

Mit der Wiederaufnahme des Zugverkehrs gab es auch eine farbliche Veränderung bei den Reisezugwagen. Das bisherige Grün wich in der unteren Wagenkastenpartie einer bordeaux-roten Lackierung; die Fensterpartie wurde crême gespritzt — analog den Reisezugwagen der Harzquer- und Brockenbahn.

Von stillgelegten Schmalspurbahnen wurden noch gute Weichen herangebracht und eingebaut, darunter von der Franzburger Kreisbahn (Barth—Stralsund) und aus Eisfeld in Thüringen. Auch die Bahnhofsgleise wurden erneuert und umgestaltet. Ziel all dieser Anstrengungen zur Sanierung des Oberbaues war es, auch im Selketal die großen 1'E1'-Neubaulokomotiven aus Babelsberg einsetzen zu können. Bei der Stillegung der thüringischen Schmalspurstrecke Eisfeld—Schönbrunn sind vier dieser Maschinen nach Wernigerode umgesetzt worden, so daß dort nun 18 schwere Gebirgsmaschinen stationiert sind. Aber weiterhin taten zunächst die alten, bewährten Mallet-Lokomotiven und auch die 1'C1'-Lokomotive 99 6001 sowie — zur Aushilfe — die C-Lokomotiven aus Wernigerode noch ihre Pflicht.

Bild 3.11. Bergung der verunglückten Lokomotive von Bild 10.5. über ein Hilfsgleis 1977.　　　　　Foto: Frenzel

4. Der Wiederaufbau des Abschnitts Straßberg – Stiege

Nach dem Beschluß des Ministeriums für Verkehrswesen der DDR von 1973 über den Wiederaufbau der Verbindung zwischen Selketalbahn und Harzquerbahn warteten viele Eisenbahnfreunde auf den Beginn der Bauarbeiten. Obwohl schon in den siebziger Jahren Vermessungen und Bodenuntersuchungen auf der Trasse stattgefunden hatten, dauerte es doch noch bis 1981, ehe mit für die Öffentlichkeit sichtbaren, konkreten Arbeiten begonnen wurde, und zwar im Frühjahr 1981 mit forstwirtschaftlichen Maßnahmen. Auf der gleislosen Trasse waren durch Samenflug Bäume mit bis zu 400 mm Stammdurchmesser gewachsen. Nach Rodung dieses Bewuchses begannen im Jahre 1982 weitere vorbereitende Arbeiten. So wurde zum Beispiel auf dem Bahnhof Straßberg durch Entfernung der alten Laderampe

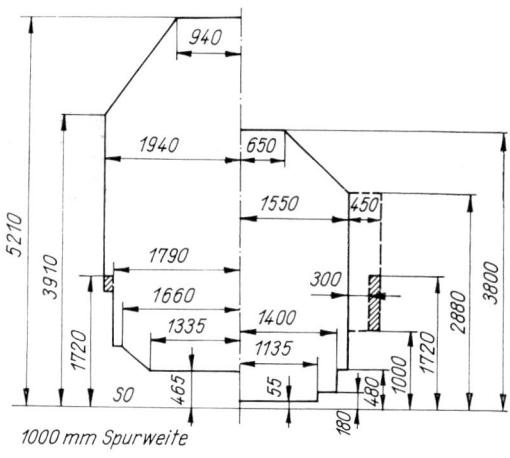

1000 mm Spurweite

Bild 4.1. Lichtraumumgrenzungsprofil für 1 000-mm-Bahnen, rechts für Betrieb mit Schmalspurfahrzeugen, links für Rollwagenbetrieb.

und Abrücken der Zäune vom Bahnkörper die nötige Profilfreiheit geschaffen. Es war vorgesehen, die Gütertransporte mit Regelspurwagen auf Rollfahrzeugen vom Spurwechselbahnhof Nordhausen her auf die Selketalbahn auszudehnen. Damit verbunden war eine höhere Achslast, als bisher bei Schmalspurfahrzeugen üblich. Das bedeutete auch ein Überarbeiten der bestehenden Strecke Harzgerode—Straßberg, denn der Rollwagenverkehr sollte bis Harzgerode gehen, während der Abschnitt Alexisbad—Gernrode künftig nur noch für den Reisezugverkehr vorgesehen war.

Bis auf einen geringen Abschnitt beim Haltepunkt Albrechtshaus wurde die alte Trasse für den Aufbau der neuen Strecke wiederverwendet. Die Bahnhöfe dagegen mußten wegen des gestiegenen Güterverkehrs und der neuen Transporttechnologie modernisiert werden. Dazu lagen bereits Erfahrungen von der Harzquerbahn vor. Dort waren in den unbesetzten Kreuzungsbahnhöfen Niedersachswerfen und Steinerne Renne seit einiger Zeit sogenannte Rückfallweichen im Betrieb.

Rückfallweichen sind Weichen, die im regelmäßigen Zugverkehr aufgefahren werden und nach der Durchfahrt des Zuges selbsttätig ihre Grundstellung wieder über eine Rückstellvorrichtung einnehmen. Es handelt sich dabei um übliche Weichen, die zusätzlich u. a. mit Rückstell-, Verschließ- und Kontrolleinrichtung mit Anzeigevorrichtung ausgestattet sind.

Die Rückstelleinrichtung besteht aus einem mit speziellem Hydrauliköl gefüllten Zylinder, der einen Kolben mit Kolbenstange, eine Zug- oder Druckfeder als Rückstellfeder und die Steuerelemente umschließt. Der Öldurchfluß wird über Rückschlagventile reguliert. Mit einem Drosselventil kann die Rückstellzeit, die üblicherweise zwischen 10 und 30 Sekunden liegen soll, reguliert werden. Dazu müssen zuerst die Schutz-

Bild 4.2. Signal So 17.   *Foto: G. Zieglgänsberger, 1984*

Bild 4.3. Signal So 18.   *Foto: G. Zieglgänsberger, 1984*

kappe am Drosselventil entfernt und die Kontermutter gelöst werden. Nun kann mit einem Schraubendreher der Ventilbolzen herausgedreht und damit die Rückstellzeit verringert oder durch Hineindrehen vergrößert werden. Die gewünschte Rückstellzeit wird dann durch probeweises Auffahren ermittelt. Über Kreuzgelenk und Ausgleichsstück ist die Kolbenstange der Rückstelleinrichtung mit der Schieberstange der Weiche verbunden. Die Rückholfeder wird beim Einbau in den Zylinder auf eine Kraft von 1 800 N (etwa 180 kp) vorgespannt, um die Weichenzunge in der Grundstellung an der Backenschiene festzuhalten. Beim Auffahren bewegt sich zuerst die abliegende Zunge mit der Verschlußklammer, dann folgen Schieberstange und Kolben nach. Ist die Weiche vollständig aufgefahren, hat sich die Rückstellfeder bis auf eine Kraft zwischen 3 500 N und 3 800 N gespannt. Der Kolben der Rückstellvorrichtung hat sich dabei aufgrund der geöffne-

Bild 4.4. Rückfallweiche. 1 Feder- und Hydraulikzylinder mit aufgesetztem Ölgefäß, 2 Kolbenstange, 3 Kreuzgelenk, 4 Ausgleichsstück (verdeckt), 5 Verschließeinrichtung. Die Weichenheizleitung wird von der vorderen Schwelle verdeckt.   *Foto: Zieglgänsberger, 1985*

ten Rückschlagventile ohne nennenswerte Behinderung durch die Ölfüllung bewegt. Bei beginnendem Rückstellvorgang schließen sich die Rückschlagventile, und der Kolben muß die Ölfüllung durch das Drosselventil drücken, bis die Weichenzunge von der gespannten Feder wieder in die Endlage gebracht worden ist. Da die Rückfallweichen unbedingt ortsbedienbar sein sollen, muß eine Handstellvorrichtung, ein sogenannter Weichenbock als Lager für den Hebel, angebaut werden. Mit Hilfe einer Verschließeinrichtung, die einen Verschließriegel um den Zugstangenhebel des Weichenbocks legt, kann die Weiche wahlweise als handbediente oder als Rückfallweiche benutzt werden. Die arretierte Verschließeinrichtung bildet dabei für die Rückstellvorrichtung einen Festpunkt.

Über dem Weichenbock ist der Signalkasten (Weichenlaterne) mit den Signalen Wn 1 und Wn 2 drehbar angebracht. Im Rückfallbetrieb wird lediglich die Grundstellung der Weiche angezeigt. Nur bei Handbetrieb folgt der Signalkasten der Stellung der Weiche. Die Farbgebung des Weichensignalkastens ist orange (Farbe 0408).

Die ordnungsgemäße Zungenendlage in der Weichengrundstellung wird durch das Überwachungssignal So 18 angezeigt, das vom Signal So 17, der Ankündigungsbake, angekündigt wird. Dieses Signal zeigt drei orangefarbene und zwei weiße Streifen auf einem Schild von 1,6 m Länge. Wenn die Grundstellung der Weiche erreicht ist, zeigt das Signalbild So 18a zwei waagerechte weiße Lichter. Ist das nicht der Fall, erscheint ein weißes Licht als Signalbild So 18b. Außer dieser elektrischen Anzeigevorrichtung, wie sie auf der Selketalbahn üblich ist, gibt es noch eine mechanische Überwachungs- und Anzeigeeinrichtung. Sie wird dann eingebaut, wenn ein Anschluß an das öffentliche Netz erst über größere Entfernung herangeführt werden muß. Hier wird die Stellung der Weichenzungen mit Zungenprüferstangen und Zungenprüferkasten auf den Signalmast mit

dem Signalkasten übertragen. Das Signalbild So 18 wird von zwei reflektierenden Lichtpunkten gebildet. Auf der Harzquerbahn gibt es eine mechanische Variante, bei der die Lichtpunkte von einer Propangasflamme ausgeleuchtet werden.

Um ein Aufklettern des Spurkranzes beim Befahren der Weiche zu vermeiden, muß die Achslast von Fahrzeugen mit Achsständen unter 2 m mindestens 2 t und bei Achsständen über 2 m mindestens 4 t betragen.

Im Wiederaufbauprogramm sind zunächst auf den Bahnhöfen Stiege, Friedrichshöhe, Straßberg und Silberhütte Rückfallweichen installiert worden. Für den Betrieb auf diesen Bahnhöfen mußte natürlich ein bestimmter Richtungsverkehr eingehalten werden, um das Aufschneiden der Weiche ordnungsgemäß zu vollziehen. Die Gleisanlagen des Bahnhofs Stiege, der im Jahre 1905 die Aufgabe eines Trennungsbahnhofes übernommen hatte, waren mithin umfassend zu verändern, denn nach der damaligen Rangiertechnologie für die durchgehenden Züge von Gernrode nach Eisfelder Talmühle mußten diese kopfmachen, also die Lokomotive umsetzen oder wechseln. Nun war eine Variante gefunden worden, bei der das Kopfmachen entfiel und nach dem Passieren des Bahnhofs Stiege eine unmittelbar westlich der Gleisanlagen (Richtung Hasselfelde) liegende Wendeschleife durchfahren, der Bahnhof wieder passiert und je nach Weichenstellung in Richtung Eisfelder Talmühle oder zurück nach Alexisbad ausgefahren wird. Die Züge aus Richtung Alexisbad kommen, nachdem sie von der Zugleitstelle die Fahrerlaubnis bis Bahnhof Stiege erhalten haben, am Signal So 5 (Trapeztafel) vorbei über Gleis 1 bis zur Wendeschleife, wobei die Rückfallweiche, die sie vom Herzstück her befahren, aufgeschnitten wird. Vor dem Passieren der Wendeschleife muß Weiche 9 in Richtung Wendeschleife gestellt werden, da die Zugfahrt sonst in Richtung Hasselfelde ver-

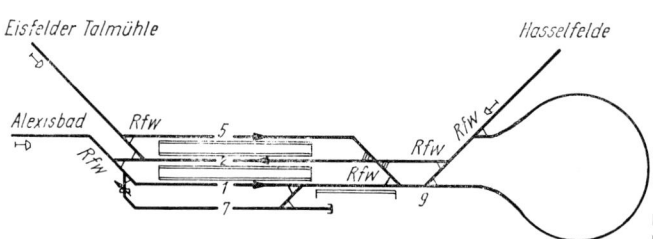

Bild 4.5. Gleisplan des Bahnhofs Stiege 1985, Rfw = Rückfallweiche.

läuft. Die in die Wendeschleife einfahrenden Züge aus Richtung Eisfelder Talmühle gelangen über Gleis 5 dorthin. Züge aus Hasselfelde fahren im Gleis 2 ein. Diese Fahrstraßen sind durch die Grundstellungen der Rückfallweichen bestimmt.

Die nach Eisfelder Talmühle oder Alexisbad ausfahrenden Züge stehen nach dem Durchfahren der Wendeschleife in Gleis 2. Die Weiche 4 entscheidet über die Ausfahrt: entweder nach Alexisbad oder Eisfelder Talmühle. Also sind z. B. für Züge, welche die Strecke Alexisbad—Eisfelder Talmühle fahren, nur die zwei Entscheidungsweichen 9 und 4 zu stellen, was eine große Vereinfachung gegenüber der alten Rangiertechnologie in der Spitzkehre Stiege bedeutet:

Die Rückfallweichen wie auch die Weichen 9 und 4 sind beheizbar. Gleis 7 dient als Ladegleis.

Für die Haltestelle Albrechtshaus ist ein Anschlußgleis vorgesehen.

Auf einer Stahlvollwandträgerbrücke wird die Selke überquert. Vorher ist eine Schutzweiche zu passieren, an die sich ein Gleisstück anschließt, das mit einem Prellbock als Gleisabschluß endet. Damit soll verhindert werden, daß eventuell aus dem Anschluß herausrollende Wagen (das Gleis weist Gefälle auf) in das Streckengleis geraten.

An der Entladestelle im Werk ist ein zweites Gleis, ähnlich wie im Bahnhof Friedrichshöhe, angelegt worden, um abzuholende Wagen getrennt aufstellen und größere Rangierbewegungen vermeiden zu können.

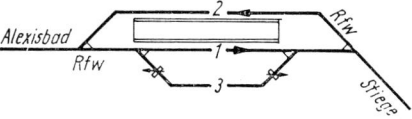

Bild 4.7. Gleisplan des Bahnhofs Straßberg 1985.

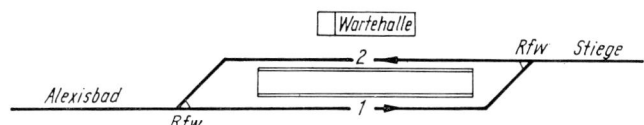

Bild 4.6.
Gleisplan des Bahnhofs Friedrichshöhe 1985.

Bahnhof Friedrichshöhe ist als Kreuzungsbahnhof ausgebaut worden. Dem Reiseverkehr dient eine neue Wartehalle. Das alte Empfangsgebäude mußte wegen Schwammbefall und steigender Nässe 1983 abgerissen werden. Die Einfahrt von Straßberg her erfolgt über eine Rückfallweiche in Gleis 1, die von Stiege in Gleis 2, wodurch bei der Ausfahrt die Weichen aufgeschnitten werden.

In Güntersberge ist am ehemaligen Bahnhof der neue Haltepunkt eröffnet und der alte Güterschuppen als Warteraum eingerichtet worden. Da sich im Gelände des alten Bahnhofs ein Betrieb angesiedelt hat, soll das neue Anschlußgleis für die örtlichen Wagenladungen außerhalb der Ortschaft, etwa bei Kilometer 26,5, abzweigen.

Die Gleisanlagen des Bahnhofs Straßberg sind denen von Friedrichshöhe ähnlich. Da hier Wagenladungsverkehr stattfindet, ist zusätzlich ein über Gleissperren gesichertes Ladegleis angelegt worden. In der Nähe des Bahnhofs Silberhütte zweigt links (in Fahrtrichtung Straßberg gesehen) die Anschlußbahn zum Heizkraftwerk Silberhütte ab. Dieser Anschluß wurde 1983 neu eingerichtet.

In der folgenden Zeit sollen übrigens weitere Bahnhöfe mit Rückfallweichen ausgestattet werden.

Die Bauarbeiten

Ende des Jahres 1982 begannen die Arbeiten an der Trasse zum Wiederaufbau des neuen Gleises. Das alte Gleisbett war nicht mehr brauchbar, weil es an vielen Stellen als Forstweg zum Abfahren von Holz oder als Fußweg genutzt worden ist. Die Tiefbauarbeiten begannen mit der Untersuchung der alten Brücken und Wasserdurchlässe auf Wiedernutzbarkeit. Bis auf wenige Ausnahmen mußten alle neu gebaut werden.

Straßberg war der Ausgangspunkt der Erdarbeiten. Von hier aus bis zur Selkebrücke lag noch das 1975 letztmalig ausgewechselte Gleis. Hinter der Selkebrücke, bei Kilometer 23, begann die Aufarbeitung der alten Trasse, und im Januar 1983 waren etwa 3 km in Richtung Güntersberge bearbeitet. Dabei wurde das alte Bettungsmaterial mit einer Planierraupe abgetragen und zur Verbreiterung des Planums verwendet. Nach den

Bild 4.8. Ein Rollwagen-Güterzug überquert die neue Selkebrücke zum Anschluß Heizkraftwerk Silberhütte.
Foto: Frenzel, 1985

Vorschriften für den Betrieb mit Rollfahrzeugen mußte die Mindestbreite des Planums zuzüglich der Lichtraumerweiterung (in Bögen) 3 880 mm betragen. Einschließlich Gefahrenbereich und Aufstellplatz (Randweg) war eine Breite von 5 680 mm nötig. Da für diese Forderung ein hoher Anteil an Erdarbeiten erforderlich gewesen wäre, betragen die ausgeführten Planumsbreiten nur 3 880 bis 5 300 mm. Die Gleisachse mußte deshalb teilweise aus der Planumsmitte verschoben werden (siehe auch Bild 4.1.).

Inzwischen wurde ebenfalls auf Bahnhof Friedrichshöhe mit Planierraupen gearbeitet und Splitt angefahren. Die Arbeiten gingen von hier aus in Richtung Güntersberge wie in Richtung Albrechtshaus voran. Nach dem Abschieben der alten Bettung wurde eine Schicht Splitt geschüttet, mit Rüttelverdichter verfestigt und anschließend gewalzt. Nun begannen auch vor Stiege und bei der Ruine Selkenkirche die Tiefbauarbeiten, so daß im März 1983 an fünf Stellen gearbeitet wurde.

Die Gleisverlegung sollte von Stiege aus beginnen. Aber mit der bislang auf Schmalspurbahnen üblichen Technologie war die Verlegung des Gleises in der Bauzeit von Mai bis November 1983 nicht zu schaffen. Der Gleisbaubetrieb Magdeburg, der die Arbeiten übernahm, mußte mithin die Gleisjochmontage, wie sie auf den regelspurigen Strecken der Deutschen Reichsbahn üblich ist, auf die Schmalspur übertragen. Dazu waren sämtliche Baufahrzeuge neu zu schaffen bzw. vorhandene zu modifizieren. Die 15 000 mm langen Gleisjoche, Profil S 49, mit 19 Holzschwellen wurden auf dem Jochmontageplatz Königsborn bei Magdeburg vormontiert. Ihr Transport ergab einige Besonderheiten. Wegen ihrer Länge hätten sie auf vierachsigen Rungenwagen (SSra-Wagen) verladen und ab Nordhausen mit Hilfe von zwei Rollwagen weiter befördert werden müssen. Die SSra-Wagen sind aber für Gleisradien bis 75 m ausgelegt und können die nur 60-m-Radien der Schmalspurbahn nicht befahren. Also mußte in Magdeburg ein zweiachsiger Ks-wagen gewählt

Bild 4.9. Bahnhof Friedrichshöhe, Bahnsteigseite: Die alte Gleisbettung wird abgetragen. *Foto: G. Zieglgänsberger, 1983*

Bild 4.10. Abschnitt Friedrichshöhe—Albrechtshaus: Auf das verbreiterte Planum wird Splitt ausgebracht.
Foto: G. Zieglgänsberger, 1983

Bild 4.11. Schotterpendelzug mit „Steuerwagen".   Foto: G. Zieglgänsberger, 1983

werden, der aber nur eine Ladelänge von 12 500 mm und eine LüP von 14 200 mm aufweist. Daraus ergab sich eine Überlänge von 380 mm über Puffer, so daß sich das Beistellen von Schutzwagen erforderlich machte. Beim Weitertransport auf Rollwagen konnten die Schutzwagen entfallen, da die Kuppelstangen der Rollwagen den Sicherheitsabstand gewährleisteten.

In der Folge wurde jeweils ein Rollwagen mit Schmalspurjochen an einen fahrplanmäßigen Personenzug mit Güterbeförderung der Strecke Nordhausen—Stiege angehängt. In Stiege entlud ein Raupendrehkran die sechs Joche pro Wagen und legte sie auf einem Lagerplatz an der alten Ladestraße ab.

Um die Gleisjoche vom Lagerplatz auf Bahnhof Stiege weiterschaffen zu können, wurden drei Rollwagen mit einer Jochsicherung versehen. Ein solcher Wagen konnte dann sechs Joche aufnehmen und zur Bauspitze bringen. Bei 9 000 mm Länge der Rollwagen ergab sich ein beachtlicher Überhang der 15 000 mm langen Joche. Er wurde mit einer 6 000 mm langen Kuppelstange zur Die-

sellokomotive 199 301 überbrückt, die als Bauzuglokomotive tätig war.

Das auf der Trasse ausgelegte Gleis mußte neu eingeschottert werden, wozu etwa 30 000 Tonnen Schotter nötig waren. Der Steinbruch Unterberg, an der Strecke nach Eisfelder Talmühle gelegen, bot sich zur Lieferung an. Dort hatte schon früher bei Kilometer 6,83 (von Stiege her) ein Anschlußgleis gelegen. Im Frühjahr 1983 stellte man den 80 m langen Gleisanschluß wieder her. Den Transport des Schotters von Unterberg nach einem Schotterlagerplatz an der Ausfahrt Stiege in Richtung Albrechtshaus oder sofort zur Baustelle übernahm ein Pendelzug. Dieser war als Wendezug zusammengestellt und in dieser Form eine Einmaligkeit: Drei zweiachsige, regelspurige Selbstentladewagen (Gattung Fcs) standen auf Rollwagen, und der meterspurige G-Wagen 99 01 78 diente als Steuerwagen. Er hatte an der Stirnseite in Fahrtrichtung elektrische Lampen als Regelspitzensignal Zg 1 erhalten, zwei rote Lampen dienten als Regelschlußsignal Zg 3. Bergauf wurde der Zug von der Lokomotive gezogen,

Bild 4.12. Beladen des Schotterpendelzuges im Anschlußgleis des Steinbruchs Unterberg. *Foto: Schwarzbach, 1983*

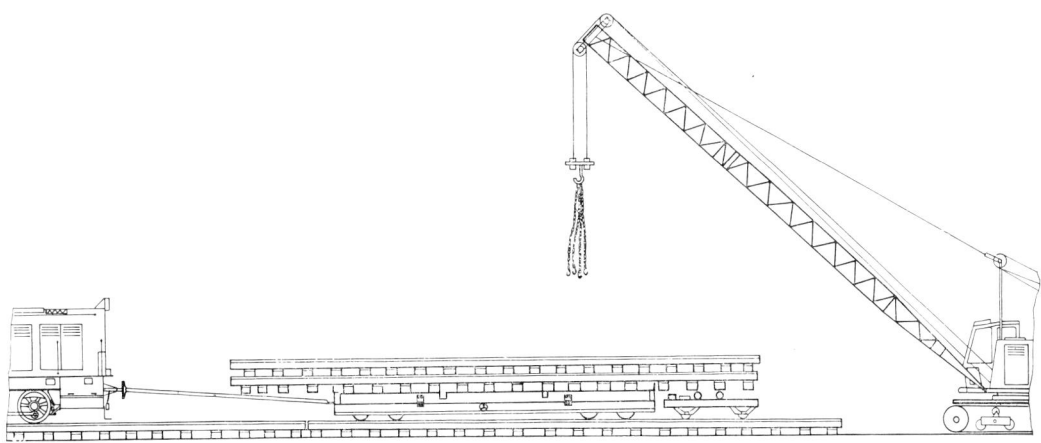

Bild 4.13. Prinzip des Jochverlegezuges: Rollwagen und Bahnmeisterwagen mit Schweißgerät. *Zeichnung: Zieglgänsberger*

Bild 4.14. Jochverlegezug im Einsatz bei Stiege.

Foto: G. Zieglgänsberger, 1983

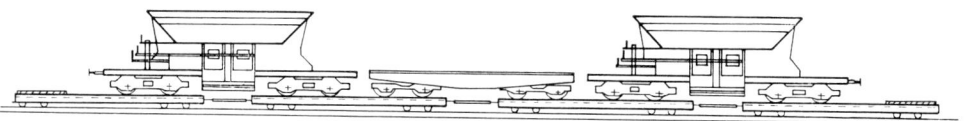

Bild 4.15. Prinzip des Schottereinbauzuges.

bergab geschoben. Die Beladung im Steinbruch erfolgte durch Abkippen des Schotters über eine Rutsche in die Eisenbahnwagen. Der Pendelzug bewährte sich. Viermal täglich brachte er Schotter vom Steinbruch Unterberg nach Stiege, insgesamt etwa 13 000 t. Als Zuglokomotive diente die 99 0246, eine 1'E1'. Am Neubaugleis konnte der Schotter nach Korrektur der Abziehvorrichtung der Selbstentladewagen direkt an den Schwellenköpfen entladen werden.

Für das Entladen des Schotters in die Gleismitte zwischen die Schwellen mußte eine besondere Arbeitseinheit zusammengestellt werden. In Bild 4.13 ist dieser Zug dargestellt. Zwei vierachsige Schotterwagen (Typ Fac) sind auf vier Rollwagen aufgesetzt. Der Tiefladewagen (Typ Rlmmp) in der Mitte sowie die Betonteile an den freien Enden dienen zum Masseausgleich. Die für die 1 000-mm-Spur angepaßten Schotterverteilerkästen entladen den Schotter zwischen den Rollwagen hindurch in die Gleismitte. Dieser Zug war nur auf dem Neubaugleis eingesetzt und wurde am Schotterlagerplatz Stiege beladen (V_{max} = 10 km/h).

Auch nach Straßberg wurde Baumaterial gefahren: Schwellen und 15 m lange Schienen. Der Transport der 30 m langen Schienen von Gernrode nach Straßberg gelang nicht zur Zufrieden-

Bild 4.16. Schotterlagerplatz bei Stiege: Der Schottereinbauzug wird beladen.   *Foto: G. Zieglgänsberger, 1983*

Bild 4.17. Modifizierter Schotterverteilerkasten am Schotter-einbauzug.   *Foto: G. Zieglgänsberger, 1983*

heit. Für die Transporte war in Gernrode die Lokomotive 99 6102 zusätzlich stationiert.

Die Hasselbrücke bei Stiege und die Katzsohlbachbrücke bei Güntersberge, beides alte Gewölbebrücken, waren abgerissen worden und mußten mit Betonfertigteilen neu errichtet werden.

Im Juni begannen die Gleisarbeiten in Stiege und Straßberg, aber nur im Handbetrieb.

Mitte Juli war man auf der freien Strecke angelangt. Dazu war eine Arbeitseinheit zusammengestellt worden, die in Bild 4.14 dargestellt ist. Der Raupendrehkran RDK 16 (maximale Tragfähigkeit 16 t) hob ein an vier Ketten befestigtes Gleisjoch vom Rollwagen ab, während die Lokomotive den Wagen zurückzog. Der Raupendrehkran fuhr in die entgegengesetzte Richtung, bis das Joch passend angelegt werden konnte. Nach dem Anlaschen wiederholte sich der Turnus.

In Gleisbögen mußte mit versetztem Stoß gearbeitet werden. Zu diesem Zwecke wurde eine Schiene des Jochs an der halben Länge mit dem Schweißbrenner durchgeschnitten und entfernt. Vom nächsten Joch löste man die entsprechende Schiene und schob sie bis an die Schnittstelle, wo sie befestigt wurde. Das entfernte halbe Schienenstück konnte dann, wenn nicht nochmals ein versetzter Stoß anfiel, vorn wieder angebracht werden. Das Schweißgerät lagerte auf dem Bahnmeisterwagen, der vor dem Rollwagen hergeschoben wurde.

Anfang August trafen polnische Gleisbauer zur Verstärkung ein, und zum Ende des Monats war das neue Gleis bis vor den Haltepunkt Albrechtshaus ausgelegt. Nach über drei Jahrzehnten hörte man im oberen Selketal wieder den Pfiff einer Dampflokomotive. Am anderen Ende der Neubaustrecke war inzwischen das neue Gleis von Straßberg bis zur Selkebrücke verlegt und teilweise beschottert worden. Die neue Selkebrücke war im Bau — wannenförmig und aus Stahlbeton.

Am 31. August 1983 trafen sich die Tiefbauer aus Richtung Straßberg und Friedrichshöhe am ehemaligen Bahnhof Güntersberge. An der Fertigstellung dieser Strecke waren etwa 200 Arbeitskräfte beteiligt. Jetzt war der Bahnhof Friedrichshöhe an der Reihe, und der Straßenübergang der F 242 mußte neu gebaut und beschildert werden. Später soll dieser Übergang eine Halbschrankenanlage erhalten. Die weitere Gleisverlegung ging schnell vonstatten. Am 29. September 1983 passierte die erste Dampflokomotive auf der Neubaustrecke den Haltepunkt Güntersberge. Der vierachsige Schotterzug brachte nun Ladungen vom Schotterlagerplatz Stiege auf die neue

Strecke hinaus. Die Dampflok 99 6101, die im Winter im Bahnbetriebswerk Wernigerode-Westertor als Heizlok diente, beförderte diesen Zug.

Die UNIMA 2, eine Nivellier-, Hebe-, Rück-, und Stopfmaschine für Schmalspurbahnen, sollte jetzt die neue Strecke bearbeiten. Bis zur endgültigen Fertigstellung der Strecke, die dann bis zu einer Geschwindigkeit von 40 km/h befahrbar sein sollte, mußte das gesamte Gleis dreimal durchgestopft werden, so daß etwa 30 cm Schotter unter den Schwellen lagerten. Die Stopfmaschine kann 90 m/h fertigstellen.

Die Tiefbauarbeiten für die Wendeschleife hatten im August begonnen. Es handelte sich hier zwar nur um ein kurzes Streckenstück von 400 m, aber ein Bach war zu überwinden, sumpfiges Gebiet zu meliorieren, und es mußte ein Einschnitt durch Felsen von 6 m Tiefe hergestellt werden. So wurde der Bau 1983 nicht mehr fertig.

Am 29. Oktober 1983 war der historische Augenblick gekommen, in dem unmittelbar bei der Selkebrücke vor Straßberg die letzte Schraube angezogen wurde und die beiden Schmalspurstrecken wieder verbunden waren. Am 31. Oktober fuhr

Bild 4.18. Die Nivellier- und Stopfmaschine UNIMA 2 am Haltepunkt Albrechtshaus.   Foto: G. Zieglgänsberger, 1983

Bild 4.19. 29. Oktober 1933: Polnische Gleisbauarbeiter ziehen die letzten Schrauben ein. *Foto: Frenzel*

war ein weiterer Schotterlagerplatz angelegt worden, der den Schotter per LKW von Hüttenrode erhielt. Außer dem Beschottern, Richten und Stopfen des Gleises und der Montage der Zwangsschienen mußten die Bahnhöfe weiter komplettiert werden. Der Bahnhof Friedrichshöhe erhielt eine neue Wartehalle, die aus Betonfertigteilen montiert wurde, hinzu kam noch ein neuer Bahnsteig mit seinen Lampen. Die Personenhaltestelle in Güntersberge richtete man wieder am alten Empfangsgebäude ein.

Die Inbetriebnahme

Am 30. November 1983 war die Strecke so weit vollendet, daß sie vom Oldtimerzug der Harz-

Bild 4.20. Bahnhof Friedrichshöhe: das neue Empfangsgebäude. *Foto: G. Zieglgänsberger, 1984*

die Lokomotive 99 6102 als erstes Fahrzeug wieder von Gernrode nach Hasselfelde. Bis zur Aufnahme des Regelverkehrs waren freilich noch verschiedene Arbeiten zu erledigen. Vor der Selkebrücke, nahe der ehemaligen Verladestelle Fluor,

querbahn offiziell eröffnet werden konnte. Gegen 10 Uhr wurde auf dem Bahnhof Stiege das weiße Band durchschnitten. Im dichten Flockenwirbel des einziehenden Winters fuhr der Zug, von Musik begleitet und unter dem Beifall der vielen Zu-

Bild 4.21. Der Traditionszug als Sonderzug zur 100-Jahrfeier im langen Tal bei Harzgerode.　　　　Foto: Krause

schauer, in den festlich geschmückten Bahnhof ein. Um 10.30 Uhr setzte er sich dann in Richtung Güntersberge in Bewegung. Wegen des dichten Schneefalls fuhr die Lokomotive mit dem Zugspitzsignal Zg 1a drei leuchtende, weiße Lampen. Der Zug passierte den Bahnhof Friedrichshöhe, wo die Einwohner des Ortes den Bauarbeitern auf einem hier angebrachten Schild für den Wiederaufbau ihrer Harzbahn dankten. Bei der Einfahrt des Zuges in den Haltepunkt Güntersberge wiederholte sich das Bild von Stiege: Beide Seiten des Gleises waren mit Zuschauern besetzt, die den Zug erwarteten und begrüßten. Mit Musik zogen die Fahrgäste in den Gasthof zum „Goldenen Löwen", wo die Eröffnungsfeier stattfand. Zur Feier des Tages führte die Deutsche Post in Stiege einen Sonderstempel.

Da der endgültige Ausbau der Strecke noch nicht abgeschlossen war, konnte sie zunächst nur mit 20 km/h befahren werden. Inzwischen war der

Winter eingezogen. Das Gebiet der Neubaustrecke gehört größtenteils schon zum Oberharz, das heißt, in der Winterzeit herrscht fast immer Frost und liegt etwa 50 cm Schnee. Trotzdem wurde der Gleisanschluß Rinkemühle mit dem vergrößerten Lichtraumprofil neu gebaut und erhielt zusätzlich eine Schutzweiche. Die Anschlußbahn Heizwerk Silberhütte wurde am 6. Februar 1984 von der Deutschen Reichsbahn abgenommen, und am 12. Februar traf der erste Rollwagenzug, von Nordhausen kommend, in Silberhütte ein. Nach Umsetzen der Lokomotive zog sie den Zug in den Gleisanschluß, wie es von der Rangiervorschrift gefordert wird. Die leeren Wagen nehmen seitdem, wenn vorhanden, Ladung vom Holzverarbeitungswerk Rinkemühle mit.

Wegen des zu erwartenden starken Verkehrs auf der Strecke Nordhausen—Stiege ging man Ende des Jahres 1983 daran, die Weichenstraßen im Bahnhof Eisfelder Talmühle umzugestalten. Die

Bild 4.22. 3. Juni 1984: Der erste fahrplanmäßige, wieder durchgehende Personenzug Hasselfelde—Gernrode trifft in Alexisbad ein.
Foto: K. Zieglgänsberger

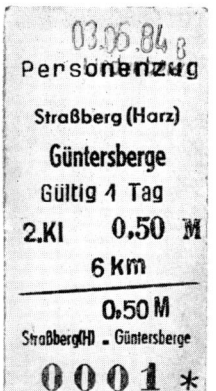

Bild 4.23.
Die erste Fahrkarte für einen der Neubauabschnitte. Übrigens trägt der Prägestempel immer noch den Aufdruck Lindenberg, obwohl die Umbenennung in Straßberg bereits 1952 stattfand.

auch die alten Streckenabschnitte bis Harzgerode und von Eisfelder Talmühle her dem neuen Betrieb anzupassen. Zu diesem Vorhaben gehörte auch die Rekonstruktion der Brücken im Behretal. Diese beiden Brücken zeigten Alterungsschäden und besaßen auf der Fahrbahn nicht die nötige Profilfreiheit für den Rollwagenverkehr. Nach Abtragen der alten Fahrbahn bis zum Gewölbescheitel erhielten sie eine Betonausgleichschicht, worauf die neuen, vorgefertigten Fahrbahnwannenteile mit einem Autodrehkran montiert wurden. Ferner brachte man an den Seiten neue Gehwegplatten an. Die alten Schienen der Strecke ersetzte man durch neue der Schienenform S 49.

Nachdem Schneefälle die Bauarbeiten verschiedentlich unterbrochen hatten, gingen auch die Arbeiten im Bahnhof Stiege und an der Wendeschleife weiter. In Silberhütte waren ebenfalls Rückfallweichen eingebaut und der alte Gleisanschluß zum Sägewerk, der unter dem Späneturm hindurchlief, nach außen verlegt worden, um die

bisherige Bahnhofsanlage stammte noch aus der Zeit, als zwei voneinander unabhängige Bahngesellschaften die Bahnanlagen ihren Vorstellungen gemäß gebaut hatten. Außer der Erneuerung der Gleisanlagen der erwähnten Bahnhöfe waren

Profilfreiheit für den Rollwagenverkehr zu erhalten. Im Bahnhof Harzgerode wurden Ladegleise erneuert und im Frühjahr 1984 auf der Strecke Alexisbad—Harzgerode die Felsdurchbrüche erweitert, indem man in den Außenbögen die Felsen abtrug bzw. sprengte. Damit wollte man nicht nur das Lichtraumprofil vergrößern, sondern auch Raum zum Abflachen der Krümmungen schaffen, um dort die 1'E1'-Neubaulokomotiven der Harzquerbahn einsetzen zu können. Zwar hatte die Gernrode-Harzgeroder Eisenbahn-Gesellschaft ebenfalls bereits fünffach gekuppelte Lokomotiven (Nr. 21 und 22) auf den Strecken eingesetzt, doch sie hatten Luttermöllerantrieb der Endachsen und waren damit kurvengängiger als die neuen 1'E1'.

Mit Fahrplanwechsel am 3. Juni 1984 fuhr der erste planmäßige Reisezug, der P 14461 mit der Lokomotive 99 6001, ab Gernrode über Stiege nach Hasselfelde. Zu dieser Fahrt hatten sich viele Eisenbahnfreunde eingefunden. An der Strecke, auf Bahnhöfen und in Fahrzeugkolonnen

kehrs stiegen die Beförderungsleistungen beträchtlich. Allein im Personenverkehr waren es 1985 etwa 360 000 Reisende. Deshalb wurde mit dem Fahrplanwechsel 1985 ein dritter Reisezug eingesetzt. Der Güterverkehr der Harzbahnen erhöhte sich 1985 gegenüber 1983 um 67 Prozent. Folglich erhielt der Bahnhof Alexisbad eine neue betonierte Ladestraße und der Bahnhof Straßberg eine neue Laderampe. Mit diesen Leistungen ist die Bahn bei dem derzeitigen Ausrüstungsstand fast an der Grenze ihrer Kapazität angelangt. In der Perspektive ist deshalb vorgesehen, die Bahn mit Diesellokomotiven zu betreiben. Ende des Jahres 1988 kamen die ersten Voraus-Lokomotiven — umgebaute Lokomotiven der Baureihe 110 — in den Harz.

Die Umstellung auf Druckluftbremsen, bei der die Harzquerbahn schon fast abgeschlossen ist, soll für die Selketalbahn zuletzt vorgenommen werden. Zunächst geht das Modernisierungsprogramm für die Reisezugwagen weiter. Der Bahnhof Gernrode erhielt die Wagen der Reihe 900-519 bis

Bild 4.24.
Fahrt durch die Wendeschleife in Stiege.
Foto:
G. Zieglgänsberger, 1984

begleiteten sie den Zug. Die Eisenbahner der Selketalbahn hatten Lokomotive und Wagen mit grünen Zweigen geschmückt und ein Hinweisschild auf die historische Fahrt angebracht.
Nach Wiederaufnahme des durchgehenden Ver-

900-523, die einst für die Strecke Eisfeld—Schönbrunn modernisiert worden waren.
In Gernrode rangiert seit 1984 die Diesellok 199 006 der ehemaligen Spreewaldbahn. Durch den Wegfall des gesamten Schmalspurgüterverkehrs und

damit der Umladung verlor der Bahnhof leider etwas von seiner Vielseitigkeit.

Das Bahnjubiläum

Vom 5. August bis 16. August 1987 fand in Gernrode ein riesiges Volksfest statt: Die Selketalbahn feierte ihr hundertjähriges Jubiläum.
Die Reichsbahndirektion Magdeburg gestaltete am 8. August in Gernrode einen Festakt, der Traditionszug fuhr täglich von Gernrode nach Harzgerode und zurück, an den Wochenenden zusätzlich die Strecke Gernrode—Straßberg. Da er wegen des lebhaften Andranges verstärkt werden mußte, wurde er mit zwei Mallet-Lokomotiven bespannt. Der Modelleisenbahnverband der DDR gab jedem Sonderzug zwei Begleiter mit, um die Fahrgäste mit der Geschichte der Bahn vertraut zu machen. Modellbahnausstellungen, auch in Harzgerode, spezielle Souvenirs und eine Fahrzeugschau mit Regel- und Schmalspurfahrzeugen rundeten die Festivität ab.

Bild 4.26. Sonderstempel des Postamtes Gernrode.

Bild 4.25. Die Jubiläumsfeierlichkeiten hatten Volksfestcharakter.

Foto: G. Zieglgänsberger

5. Die Triebfahrzeuge

Bild 5.1. 99 5811, ex „Gernrode", Zustand 1964.

Foto: Kieper

Eine Gesamtübersicht der von der GHE beschafften und eingesetzten Lokomotiven gibt Tabelle 5.1. Die in der Spalte „Hersteller" benutzten Abkürzungen werden im Kapitel 14. erläutert.

Nach 1946 war zunächst nur die „Gernrode" als einzige Lokomotive bei der Selketalbahn verblieben. Deshalb wurden von der Harzquer- und Brockenbahn hierher Triebfahrzeuge umgesetzt.

Städtenamen

Zur Betriebseröffnung im Jahre 1887 kaufte die Gernrode-Harzgeroder Eisenbahn zunächst drei Lokomotiven einer bewährten Baureihe mit drei gekuppelten Achsen. Die Maschinen hatten Allansteuerung und Flachschieber. Sie erhielten die Namen „Selke", „Gernrode" und „Harzgerode". Da sich die Maschinen bewährten, wurden drei weitere Lokomotiven gleichen Typs bestellt: die

Tabelle 5.1. Die Dampflokomotiven der GHE

Name bzw. GHE-Betriebs-nummer	DR-Be-triebs-nummer	Bauart	Gattung	Bau-jahr	Her-steller	Fabrik-nummer	Einsatzzeit von	bis	Bemerkungen
Gernrode	99 5811	C n2t	K 33.8	1887	Henschel	2226	1887	1965	1956 neuer Kessel, 1965 abgestellt, 1967 ver- schrottet
Selke	—	C n2t	K 33.8	1887	Henschel	2227	1887	1946	
Harzgerode	—	C n2t	K 33.8	1887	Henschel	2228	1887	1946	
Günthersberge	—	C n2t	K 33,8	1888	Henschel	2703	1888	1946	
Alexisbad	—	C n2t	K 33.8	1890	Henschel	3350	1890	1946	
Hasselfelde	—	C n2t	K 33.8	1890	Henschel	3351	1890	1946	
Anhalt	—	B'B n4vt	K 44.8	1905	Borsig	5465	1905	1914	an Heeresfeldeisenbahn abgegeben
Braunschweig	—	B'B n4vt	K 44.8	1905	Borsig	5466	1905	1914	an Heeresfeldeisenbahn abgegeben
Preußen	—	B'B n4vt	K 44.8	1905	Borsig	5467	1905	1914	an Heeresfeldeisenbahn abgegeben
GHE 20	—	D n2t	K 44.11	1910	O & K	3826	1914	1946	„Bulle", 1914 von Ruhr-Lippe Klb. gekauft
GHE 21	—	E h2t	K 55.11	1928	O & K	11746	1928	1946	
GHE 22	—	E h2t	K 55.11	1928	O & K	11747	1928	1946	

„Günthersberge", „Alexisbad" und „Hasselfelde". Alle galten gemäß damaliger Ansicht als schwere Schmalspurlokomotiven.

Diese sechs Naßdampfmaschinen bewältigten bis 1905 den gesamten Betrieb zwischen Gernrode und Hasselfelde. Es wurden durchweg gemischte Züge gefahren, so daß auf allen Bahnhöfen und Anschlußstellen auch rangiert werden mußte.

Von den sechs Naßdampfmaschinen überlebte nur die „Gernrode" den Krieg, und sie bekam 1950 die DR-Betriebsnummer 99 5811. Im Jahre 1956 erhielt die 1887 gebaute Lok im Reichsbahn-ausbesserungswerk Blankenburg noch einen Er-satzkessel, der ihr Aussehen leicht veränderte.

Sie war die älteste Schmalspurlok der Deutschen Reichsbahn und wurde erst 1967 in Görlitz zer-legt.

Ländernamen

Mit der Inbetriebnahme des Streckenabschnittes Stiege—Eisfelder Talmühle im Jahre 1905 wurde der Einsatz leistungsstarker Maschinen notwen-dig. Die GHE beschaffte daher die drei schwe-ren Mallet-Gelenklokomotiven „Anhalt", „Braun-schweig" und „Preußen" (nach den Territorien, auf denen sich die Selketalbahn befand). Alle drei Maschinen wurden im November 1914 zur Heeresfeldbahn eingezogen und sind nicht zu-

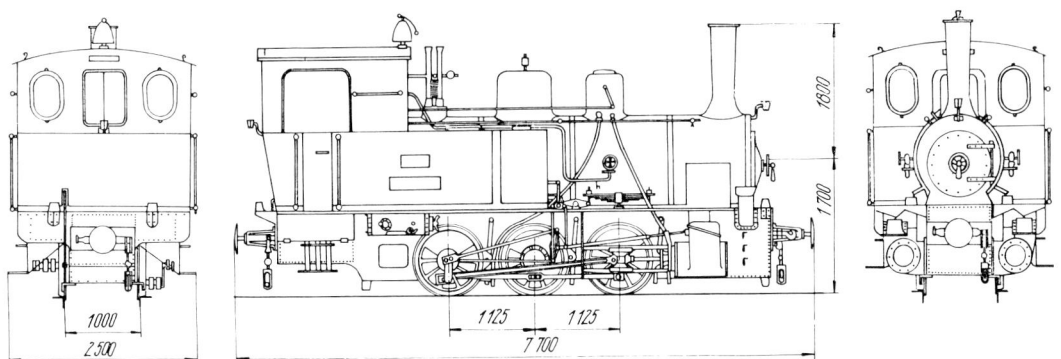

Bild 5.2. GHE-Lok „Gernrode", Urzustand.　　　　　　　　　*Zeichnung: Malsch*

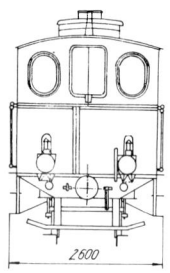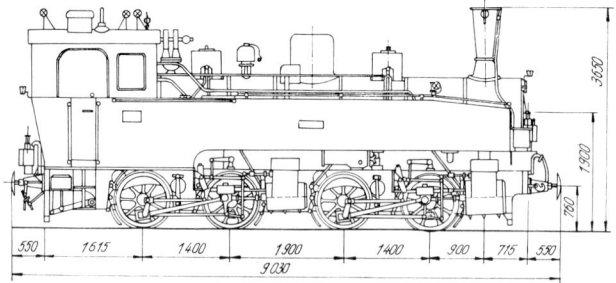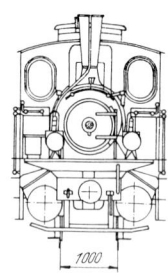

Bild 5.3. GHE-Lok „Anhalt".

Zeichnung: Malsch

rückgekehrt. Nach einem Augenzeugenbericht wurde die „Anhalt" noch 1918 in Frankreich bei Verdun vor einem Eisenbahngeschütz beobachtet. Die Lokomotiven „Anhalt" und „Braunschweig" sind später unter den neuen Betriebsnummern 201 und 202 bis in die fünfziger Jahre hinein bei der französischen Eisenbahngesellschaft „Compagnie des Chemins de Fer du Nord Est" gefahren, deren Meterspurstrecken im Raume Soissons lagen.

Im Jahre 1908 entschloß sich die Bahnverwaltung, alle Fahrzeuge von Heberleinbremse auf Saugluftbremse umzurüsten. Diese Bremse hatte sich bei den beiden anderen Schmalspurbahnen des Harzes — der Nordhausen-Wernigeroder Eisenbahn sowie der Südharz-Eisenbahn — gut bewährt. Nun konnten die Fahrzeuge aller drei Harzbahnen gekuppelt werden.

GHE 20

1914 kaufte die GHE von den Ruhr-Lippe Kleinbahnen eine gebrauchte vierachsige Lokomotive. Sie erhielt die offizielle Betriebsnummer 20 und von den Eisenbahnern wegen ihres kompakten Aussehens und ihrer Kraft den Spitznamen

Bild 5.4. GHE-Lok „Braunschweig", Zustand 1905.

Sammlung Fiebig †

Bild 5.5. GHE-Lok 20, „Bulle", hier in ursprünglicher Ausführung für die Ruhr-Lippe Kleinbahnen als Nr. 20. Bei der GHE kam es zum Umbau im Hinblick auf Führerhaus und Kohlekasten.   *Sammlung Nickel*

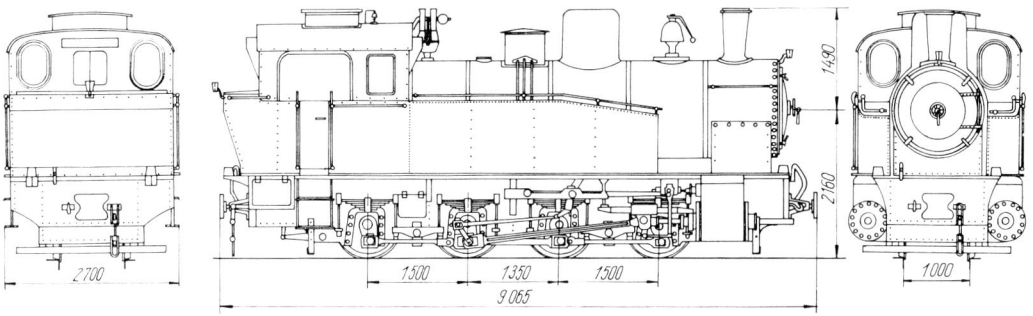

Bild 5.6. GHE-Lok 20, ursprüngliche Ausführung.   *Zeichnung: Malsch*

„Bulle". Diese Maschine blieb vorwiegend im Güterzugdienst eingesetzt.

GHE 21 und 22

Als sich zum Ende der zwanziger Jahre die wirtschaftliche Lage zu bessern schien, beschaffte die GHE zwei schwere fünfachsige Lokomotiven mit Luttermöller-Antrieb: Der 2. und 3. Radsatz und die Endradsätze waren in der Achsmitte mit Zahnrädern versehen. Über ein Zwischenzahnrad wurden dann die Endachsen von der 2. und 3. Achse angetrieben, wobei das Getriebege-

häuse als Deichsel wirkte. Sie konnte sich um eine kugelartige Verdickung der letzten fest gelagerten Achsen drehen. Das ermöglichte einen besseren Bogenlauf und geringeren Verschleiß von Rad und Schiene.

Beide Lokomotiven mit den Betriebsnummern 21 und 22 bewährten sich während ihrer gesamten Einsatzzeit gut.

99 5803 und 99 5804

Die ehemaligen NWE 1 und NWE 3 hatte man bereits beim Bau der Nordhausen-Wernigeroder Eisenbahn eingesetzt, und sie trugen seither den

Bild 5.7. GHE-Lok 22, Zustand 1936. Lokbildarchiv der Studentenschaft TH Darmstadt. *Sammlung Schmidt †*

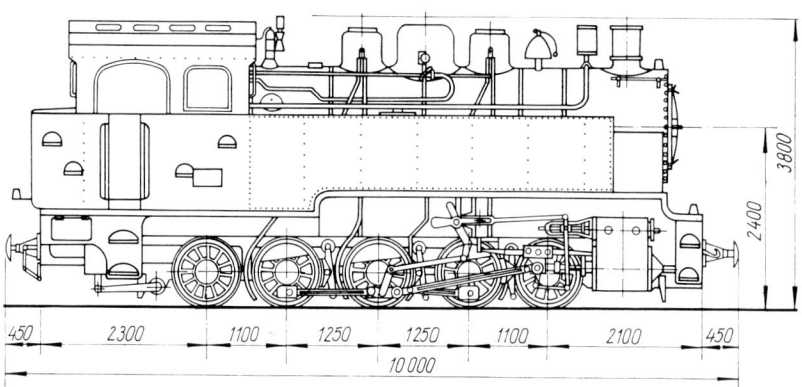

Bild 5.8.
GHE-Loks 21 und 22.
Zeichnung: Malsch

Beinamen „Toni". Die NWE 1 wurde als 99 5804 schließlich 1960 in Wernigerode abgestellt und 1966 im Reichsbahnausbesserungswerk Görlitz zerlegt. Die NWE 3 erlebte als 99 5803 nach ihrem Zwischenspiel bei der Selketalbahn noch ein weiteres kurzes Intermezzo auf der Strecke Reichenbach (Vogtland)—Oberheinsdorf und kam ein Jahr nach ihrer Schwestermaschine ebenfalls im Ausbesserungswerk Görlitz unter den Schneidbrenner.

Bild 5.9.
99 5804, ex NWE 1, um 1960.
Sammlung Röper

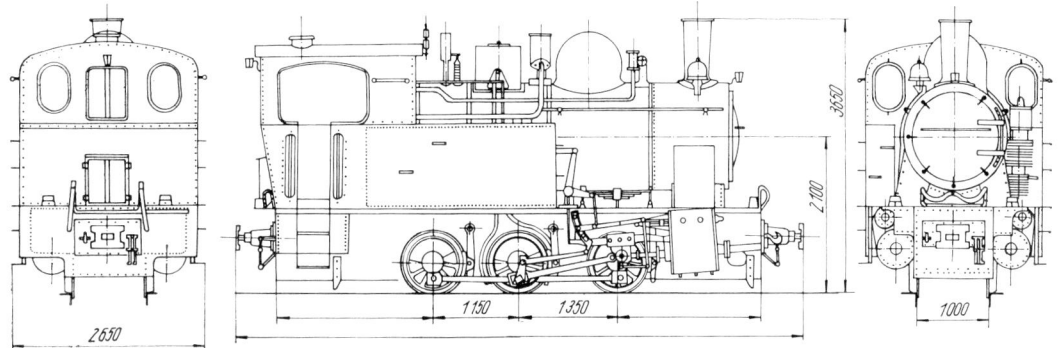

Bild 5.10. 99 6101, ex NWE 6 und NWE 7.   *Zeichnung: Malsch*

99 6101 und 99 6102

Gast bei der Selketalbahn waren auch die ehemaligen NWE 6 und NWE 7 als 99 6101 und
99 6102. Ursprünglich sind sie als Heeresfeld-
bahnlokomotiven gefahren und 1918 sowie 1920
von der NWE übernommen worden. Die 99 6101
wird seit 1979 als Heizlok im Bahnbetriebswerk
Wernigerode Wt., aber auch weiterhin als Roll-
bocklok genutzt, während die 99 6102 öfter im
Selketal anzutreffen ist.

99 5631 und 99 5632

Während des zweiten Weltkrieges hatte es u. a.
auch zwei französische Schmalspurlokomotiven
nach Thüringen verschlagen, die zu einer Bau-
serie von 12 Maschinen mit den Fabriknum-
mern 2456 bis 2467 gehörten. Zum Kriegsschluß
blieben sie im Thüringischen bei der Hildburghausen—Heldburger Eisenbahn stehen, ohne dort
noch eingesetzt zu werden. 1952/53 wurden sie
schließlich aufgearbeitet. Die 99 5631 kam 1954

Bild 5.11.
99 6102,
ex NWE 7,
Zustand 1976.
Foto: Herfen

Bild 5.12. 99 5631, Zustand 1959.

Foto: Kieper

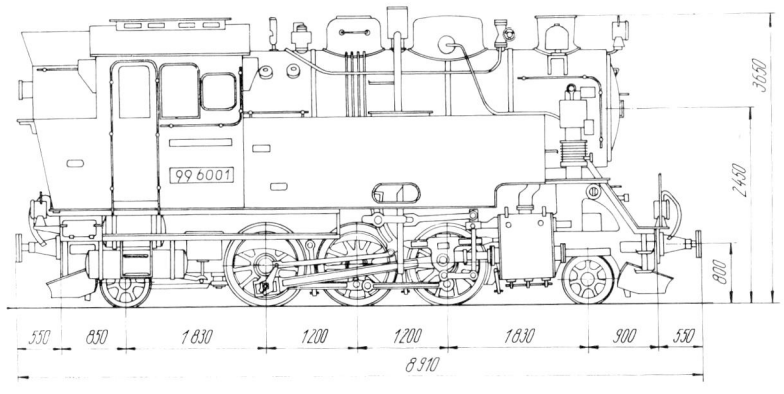

Bild 5.13. 99 6001, ex NWE 21, Zustand 1986, ohne Abdampfrohr und Schalldämpfer der Saugluftpumpe und mit neuer Druckluftpumpe.
Foto: Frenzel

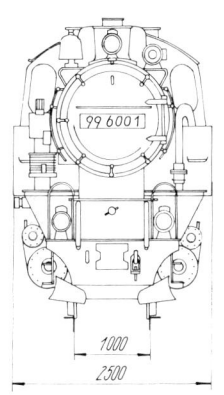

Bild 5.14. 99 6001, ex NWE 21.

Zeichnung: Schröder

Bild 5.15. 99 5902, ex NWE 12, Zustand 1985, mit bereits vom Raw Görlitz aufgesetztem Schornstein der sächsischen IV K.
Foto: G. Zieglgänsberger

zur Selketalbahn, bewährte sich aber wegen der zu geringen Leistung nicht und wurde 1958 nach Barth umgesetzt. 1966 kam es dort zu ihrer Ausmusterung.

Das gleiche Schicksal widerfuhr ihrer Schwester 99 5632: Sie kam 1956 ebenfalls nach Gernrode, war genauso ungeeignet und ging 1958 mit nach Barth. Dort wurde sie schon 1960 ausgemustert.

99 6001

Eine Dauergastrolle bei der Selketalbahn wurde der ehemaligen NWE 21, der heutigen 99 6001, zuteil. Ende der dreißiger Jahre hatte die Nordhausen-Wernigeroder Eisenbahn bei der Fa. Krupp Einheitsschmalspurlokomotiven nach neuesten technischen Erkenntnissen entwickeln lassen. Es waren dies eine 1'C1', eine 1'D1' sowie eine 1'E1'. Die 1'C1' wurde noch an die NWE ausgeliefert, dann zerschlug der Krieg alle weiteren Absichten. So blieben auch die von der Gernrode-Harzgeroder Eisenbahn im Jahre 1944 bestellten Lokomotiven dieses Typs aus.

Im Jahre 1956 kam dann die Prototypmaschine zur ehemaligen Gernrode-Harzgeroder Eisenbahn.

99 5901 bis 99 5906

Nachdem die Harzquerbahn 1954 die ersten Neubaulokomotiven der Bauart 1'E1' erhalten hatte, besserte sich auch für die Selketalbahn die Fahrzeugsituation zusehends: Von Wernigerode konnten sechs Mallet-Lokomotiven nach Gernrode umgesetzt werden, die 99 5901 bis 99 5906. Sie übernahmen mit der Lokomotive 99 6001 fortan den gesamten Betrieb auf der Selketalbahn. Die Lokomotive 99 5905 erlitt 1971 einen Zylinderschaden, wurde abgestellt und 1974 im Ausbesserungswerk Görlitz ausgemustert.

Die Lokomotiven 99 5901 und 99 5903 (ex NWE 11 und NWE 13) ehielten 1979 bzw. 1974 wieder ihre ursprüngliche Farbgebung mit grünem Kessel sowie ihre ehemaligen NWE-Betriebsnummern, angebracht an Schornstein und Führerhaus; die Lokomotive 5901 ist für das Verkehrsmuseum in Dresden reserviert; die Lokomotive 5903 zieht im

Bild 5.16. 99 5904, ex NWE 15, Zustand 1979, mit Schornstein IV K.   *Foto: Frenzel*

Sommerhalbjahr den Oldtimerzug in Wernigerode.

Lokomotiven 99 7231 bis 99 7247 und 99 7222

Nachdem etwa ab 1960 die 1954 bis 1956 von LKM gebauten 1'E1'-Lokomotiven auf der von der Harzquerbahn befahrenen ehemaligen GHE-Strecke Eisfelder Talmühle—Hasselfelde eingesetzt wurden, drangen diese schweren Gebirgslokomotiven nach dem Wiederaufbau der Strecke Stiege—Straßberg weiter in das Streckennetz der Selketalbahn vor. So bewältigen sie seit Februar 1984 den schweren Rollwagenverkehr zum Heizwerk in Silberhütte. 1986 ist damit begonnen worden, die Strecke weiter auszubauen und zu verstärken, so daß mit den 1'E1'-Maschinen der Güterverkehr bis Harzgerode und der Reiseverkehr bis nach Gernrode ausgedehnt werden kann. Der Streckenausbau ist zugleich auch die Voraussetzung dafür, daß später schwere Streckendiesel-

lokomotiven auf dem Harzer Schmalspurnetz eingesetzt werden können (siehe Bild 5.29). Seit der Jahreswende 1986/87 ist mindestens eine 1'E1'-Maschine ständig in Gernrode stationiert.
Einen Überblick über alle nach 1946 bei der Selketalbahn eingesetzten Triebfahrzeuge gibt die Tabelle 5.2. Tabelle 5.3. enthält die technischen Daten aller jemals bei der GHE und auf der Selketalbahn gefahrenen Lokomotiven.

Lokomotive 199 006-8

Im Jahre 1983 kamen zwei 1964 gebaute Diesellokomotiven in den Harz, die auf einem meterspurigen und jetzt regelspurigen Anschlußgleis der ehemaligen Spreewaldbahn gefahren sind. Davon ging die 199 006-8 Gernrode zu, wo sie seitdem zu Rangierarbeiten eingesetzt wird.
Diese 74-kW-(100-PS-)Maschinen sind auch als Bau- und Industriebahnen entwickelt und von 1962 bis 1967 beim VEB Lokomotivbau „Karl

91

Bild 5.17. 99 5905, ex NWE 14, Zustand 1970, mit ursprünglichem Schornstein.

Foto: Röper

Bild 5.18. 99 5906, ex NWE 41.

Foto: Herfen

Bild 5.19. 99 5901, ex NWE 11, und 99 6001, ex NWE 21, vor dem vierständigen Schuppen in Gernrode, Zustand 1974.
Foto: G. Zieglgänsberger

Bild 5.20. 99 5901 in der Originalfarbgebung als NWE 11 und 99 5906, ex NWE 41, Zustand 1979. *Foto: Frenzel*

Die Triebfahrzeuge

Tabelle 5.2. Die Dampflokomotiven auf der Selketalbahn nach 1946

Ehemalige Betriebsnummer	DR-Betriebsnummer	Bauart	Gattung	Baujahr	Hersteller
NWE 71	99 5631	C1' n2t	K 34.6	1890	Schneider
NWE 72	99 5632	C1' n2t	K 34.6	1890	Schneider
NWE 1	99 5804	B n2t	K 22.8	1896	Güstrow
NWE 3	99 5803	B n2t	K 22.8	1896	Güstrow
NWE 6	99 6101	C h2t	K 33.11	1914	Henschel
NWE 7	99 6102	C n2t	K 33.11	1914	Henschel
NWE 11	99 5901	B'B n4vt	K 44.9	1897	Jung
NWE 12	99 5902	B'B n4vt	K 44.9	1897	Jung
NWE 13	99 5903	B'B n4vt	K 44.9	1898	Jung
NWE 15	99 5904	B'B n4vt	K 44.9	1901	Jung
NWE 14	99 5905	B'B n4vt	K 44.9	1901	Jung
NWE 41	99 5906	B'B n4vt	K 44.9	1918	Karlsruhe
NWE 21	99 6001	1'C1' h2t	K 35.10	1939	Krupp
	99 7231—99 7247	1'E1' h2t	K 57.10	1954—1956	LKM

Marx", Potsdam Babelsberg, mit der Typenbezeichnung V 10C hergestellt worden. Sie konnten Spurweiten von 600 mm bis 1 067 mm erhalten. Die Radsätze der dreiachsigen Lokomotive sind durch Kuppelstangen miteinander verbunden. Der dritte Radsatz ist über eine weitere Kuppelstange mit einer Blindwelle gekoppelt, die das vom Motor erzeugte Drehmoment auf die Radsätze überträgt. Ein Schaltgetriebe mit vier Gängen bildet die Verbindung zwischen Blindwelle und Motor. Die verschiedenen Zahnradpaare des Getriebes stehen ständig im Eingriff und werden durch Kupplungen kraftschlüssig mit der Welle verbunden.

Lokomotive 199 301-3

Im Jahre 1966 kam der Prototyp einer Diesellok auf die Harzquerbahn, die in einer Serie von 30 Stück für Indonesien gebaut und zuvor auf einer 1 000-mm-Strecke erprobt werden sollte. Diese Lokomotive mit der Typenbezeichnung V 30C ist 1970 der Harzquerbahn für immer überlassen worden und trägt heute die Nr. 199 301-3. Das Drehmoment des Motors wird hydraulisch auf die Blindwelle übertragen. Der Motor leistet 243 kW. Die maximale Geschwindigkeit beträgt 30 km/h, die kleinste Dauerfahrgeschwindigkeit 4,5 km/h. Die Achslast ist mit 10 t angegeben. Beim Aufbau der Strecke Straßberg—Stiege war die Lokomotive oft im Einsatz.

Triebwagen GHE T 1

Dieser Triebwagen wurde 1933 für den Personenverkehr in den betriebsarmen Zeiten angeschafft. Als 1946 mit dem Abriß der Bahn begonnen wurde, versah das Fahrzeug zunächst noch den Dienst auf der Strecke Eisfelder Talmühle—Hasselfelde. Nach dem Wiederaufbau der Selketal-

Fabriknummer	Einsatzzeit bei Selketalbahn von	bis	Bemerkungen
zwischen 2456 u. 2461	1954	1958	Französische „Beutelokomotive"; von Hildburghausen umgesetzt; nach Barth abgegeben; 1966 ausgemustert
	1956	1958	Französische „Beutelokomotive"; von Hildburghausen umgesetzt; nach Barth abgegeben; 1960 ausgemustert
163	1946	1960	1966 im Raw Görlitz verschrottet
165	1946	1961	nach Reichenbach (Vogtland) umgesetzt, 1967 im Raw Görlitz verschrottet
12879	1947		Heizlok im Bw Wernigerode und Rollbocklokomotive, öfter im Selketal eingesetzt
12880			
258	1956		1974 Originalfarbgebung; für Verkehrsmuseum Dresden
261	1956		
345	1956		1979 Originalfarbgebung; für Oldtimerzug der Harzquerbahn
464	1956		
465	1956	1971	1971 wegen Zylinderschadens abgestellt, 1974 ausgemustert
2052	1956		
1875	1956		erste Einheitsschmalspurlokomotive der Fa. Krupp
134008—134024	1960/83		DR Neubaulokomotive

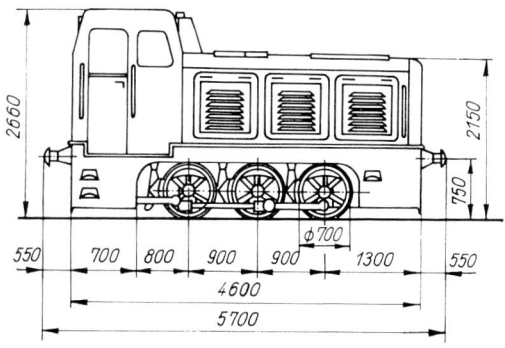

bahn setzte man den Triebwagen unter der Nummer VT 133 522 wieder in Gernrode ein. Später wurde er umgebaut und diente als Gerätewagen und Hilfszug mit der Betriebsnummer 187 001 in Gernrode. Seit 1983 ist er historisches Fahrzeug der Deutschen Reichsbahn.

Bild 5.21. Maßskizze von einer Lok des Typs V 10C.
Quelle: Kunicki, Deutsche Dieseltriebfahrzeuge gestern und heute, Berlin 1966

Bild 5.22. 1'E1'-Lok 99 7242-3, Zustand 1986.

Foto: G. Zieglgänsberger

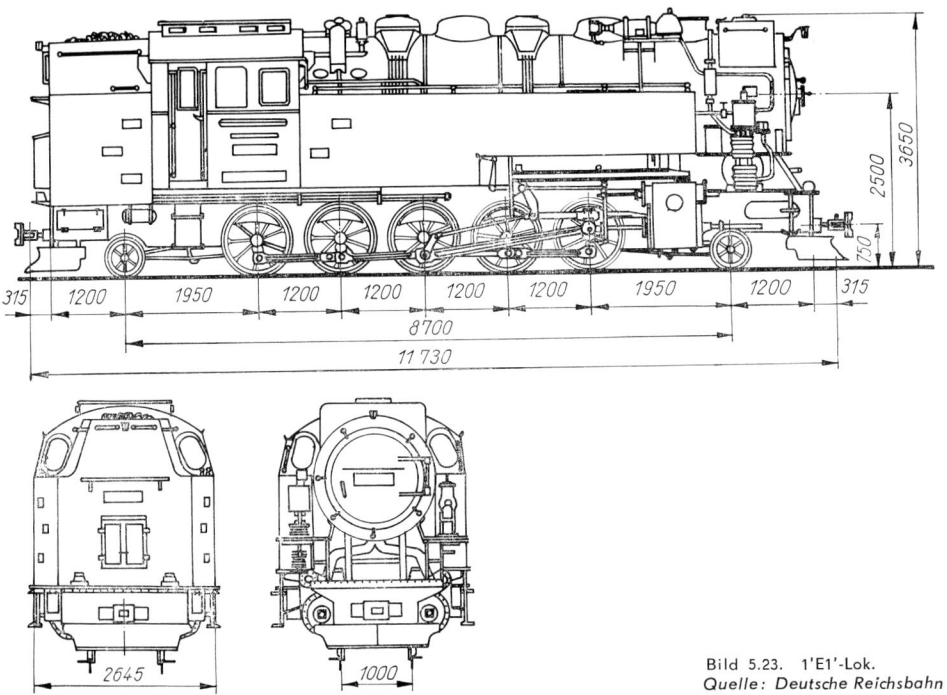

Bild 5.23. 1'E1'-Lok.
Quelle: Deutsche Reichsbahn

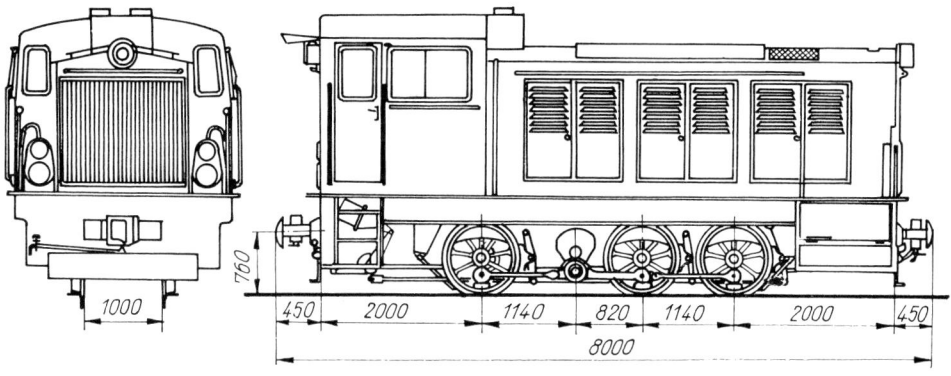

Bild 5.24. Die ehemalige Spreewaldlok 199006-8 im Jahre 1985 in Gernrode.   *Foto: G. Zieglgänsberger*

Bild 5.25. Lok 199301.   *Quelle: Werkprospekt*

Tabelle 5.3. Technische Daten der Dampflokomotiven

		GHE	GHE	GHE 20	GHE 21, GHE 22	NWE 71, NWE 72
Ehemalige Betriebsnummer						
Name		Ortsnamen	Ländernamen	(„Bulle")		
DR-Betriebsnummer		—	—	—	—	99 5631, 99 5632
Bauart		C n2t	B'B n4vt	D n2t	E h2t	C1' n2t
Zulässige Geschwindigkeit	km/h	30	—	20	30	25
Zylinderdurchmesser (vorn/hinten)	mm	300	440/295	430	500	320
Kolbenhub	mm	500	420	500	500	380
Kuppelraddurchmesser	mm	900	900	950	900	800
Laufraddurchmesser (vorn/hinten)	mm	—	—	—	—	590
Kesselüberdruck	at	12	12	12	14	12
Rostfläche	m²	0,82	1,20	1,30	2,00	0,83
Feuerbüchsheizfläche	m²	—	—	—	7,82	—
Heizfläche gesamt	m²	41,7	70,0	79,3	69,3	53,1
Gesamtachsstand	mm	2 250	4 700	4 350	4 700	3 550
Länge über Puffer	mm	7 700	9 030	9 065	10 000	6 970
Masse leere Lok	t	20,0	24,5	33,0	42,5	20,1
Masse dienstbereite Lok	t	23,8	32,0	42,0	53,0	25,1
Wasserkasteninhalt	m³	3,0	4,0	4,0	5,0	2,7
Brennstoffvorrat	t	0,5	1,5	2,0	2,0	1,5
Bemerkungen				Klien-Lindner-Hohlachse	Luttermöller-Antrieb der Endachsen	

1 at = 98,1 kPa

Bild 5.26. Lok 199301 in Stiege 1984.　　　　　　　　　　　　　　Foto: K. Zieglgänsberger

NWE 3, NWE 1 ("Toni") 99 5803, 99 5804 B n2t	NWE 6 99 6101 C h2t	NWE 7 99 6102 C n2t	NWE 21 99 6001 1'C1' h2t	NWE 11 bis NWE 15 99 5901 bis 99 5905 B'B n4vt	NWE 41 99 5906 B'B n4vt	99 7231 99 7247 1'E1' h2t
30	30	30	50	30	30	40
300	430	400	420	425/285	280/425	500
450	400	400	500	500	500	500
900	800	800	1 000	1 000	1 000	1 000
—	—	—	600	—	—	550
10	14	14	14	14	12	14
0,70	1,4	1,5	1,6	1,4	1,4	1,4
3,10	4,76	5,09	—	—	5,57	10,4
38,0	51,4	69,7	101,0	66,2	64,87	95,5
1 700	2 500	2 500	6 060	4 600	4 670	8 700
6 250	7 734	7 734	8 910	8 874	9 400	11 730
12,4	26,0	26,0	37,8	28,0	28,5	48
16,0	32,0	32,0	47,6	36,0	36,0	61
1,8	4,0	4,0	5,0	5,0	3,77	8
0,75	1,1	1,1	2,0	1,5	1,1	4

Tabelle 5.4. Technische Daten des Triebwagens

GHE-Betriebsnummer	T 1
DR-Betriebsnummer	VT 133 522/187 001
Betriebsgattung	C vt
Achsfolge	B
Masse	
unbesetzt	8,0 t
besetzt	12,0 t
Dienstmasse	12,5 t
Hersteller	
Wagen	Waggonfabrik Dessau
Motor	Daimler-Benz AG.
Getriebe	Mylius
Motor	Diesel
Leistung	47,8 kW (65 PS)
Drehzahl	2 000/min
letzter Motor	Diesel EM 4-22/90 66 kW (90 PS)
Länge über Puffer	8 600 mm
Breite	2 700 mm
Höhe über SO	3 450 mm
Achsstand	4 000 mm
Laufkreisdurchmesser	700 mm
Achslager	Rollen
Bremse	Spindel
Sitz-/Stehplätze	34/10
Baujahr	1933

Tabelle 5.5. Technische Daten der Diesellokomotiven

DR-Betriebsnummer	199 006-8
Achsfolge	C
Dienstmasse	16 t
Achsfahrmasse	6 t
Motor	6 KVD 14,5
Hersteller	VEB Dieselmotorenwerk Schönebeck
Motorleistung	75 kW (102 PS)
Kraftübertragung	mechanisch
kleinster befahrbarer Gleisbogenradius	20 m
größte Breite	1 840 mm
DR-Betriebsnummer	199 301-3
Achsfolge	C
Dienstmasse	30 t
Achsfahrmasse	10 t
Motor	6 VD 18,15-A1 6 Zyl.
Motorleistung	243 kW (330 PS)
Kraftübertragung	hydraulisch
kleinster befahrbarer Gleisbogenradius	50 m
kleinste Dauerfahrgeschwindigkeit	4,5 km/h

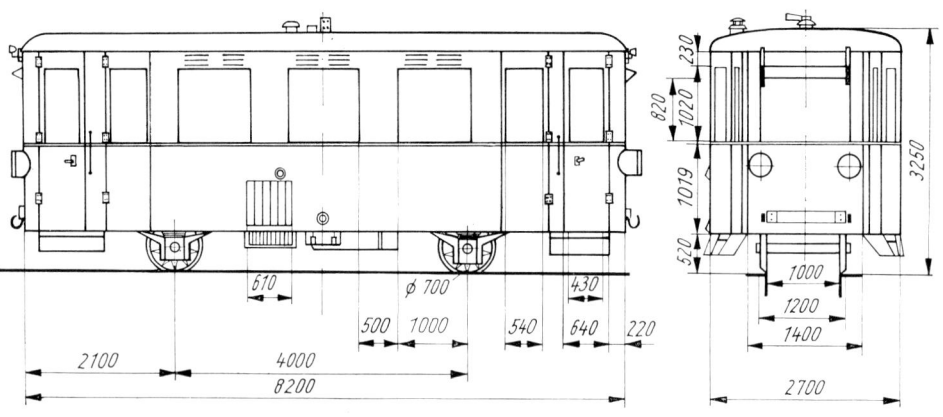

Bild 5.27. Triebwagen 187 001-3, ex GHE T 1, im Jahre 1973. *Foto: G. Zieglgänsberger*

Bild 5.28. GHE T 1. *Zeichnung: Siemß/Zieglgänsberger*

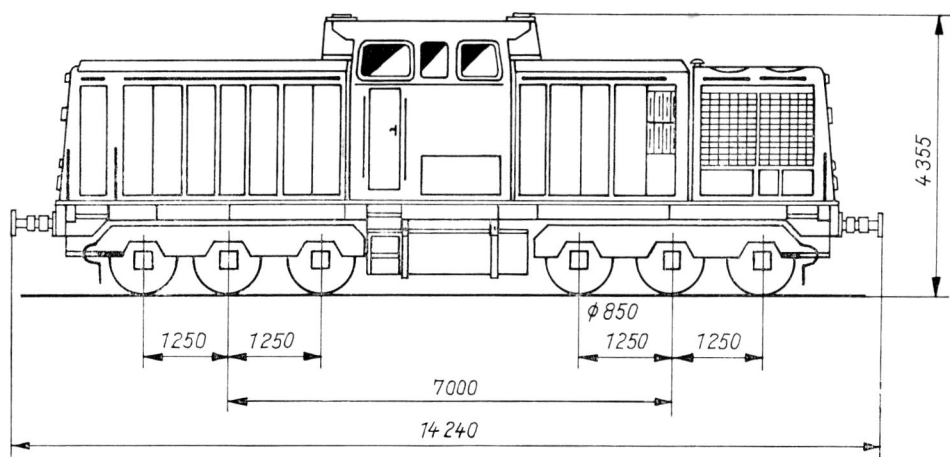

Bild 5.29. Prinzipskizze vom Prototyp einer Diesellok, die seit 1988 für den künftigen Einsatz bei der Selketalbahn erprobt wird. *Zeichnung: DV 939*

6. Die Reisezugwagen

Als die Bahn 1887 den Betrieb aufnahm, standen „zwei Personenwagen II. und III. Classe nebst zwei Personenwagen III. Classe, achträdrig" zur Verfügung. Der erste der beiden 2./3.-Klasse-Wagen (GHE 1) war mit einem Salonabteil für die Direktion und deren Gäste ausgerüstet. Ein Jahr später wurden ein 2./3.- sowie vier 3.-Klasse-Wagen dazugekauft. Trotzdem reichten die Wagen für den Bedarf in den Sommermonaten immer noch nicht aus. So rüstete man nach und

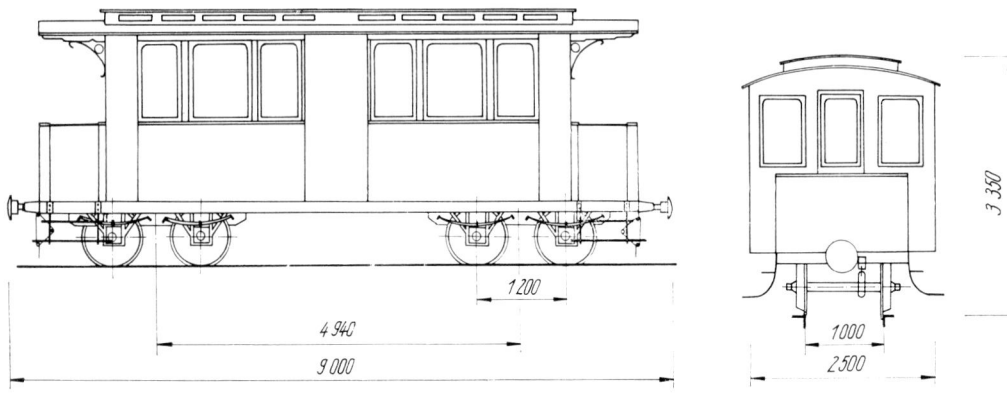

Bild 6.1. Reisezugwagen GHE 1 (Salonwagen).

Zeichnung: Bollmann

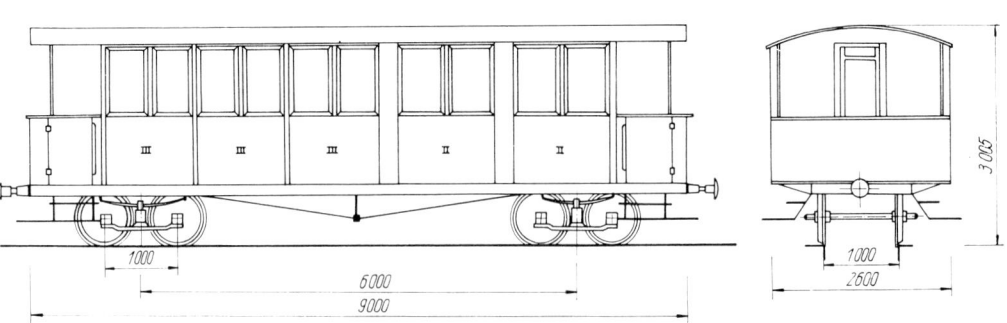

Bild 6.2. Reisezugwagen 2./3. Klasse GHE 2 und GHE 3.

Zeichnung: Bollmann

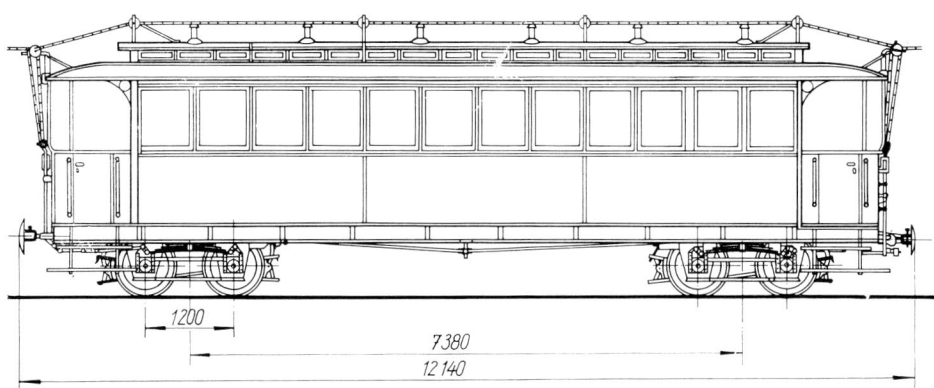

Bild 6.3.   Reisezugwagen 2./3. Klasse GHE 7 bis GHE 9.   Zeichnung: Kieper

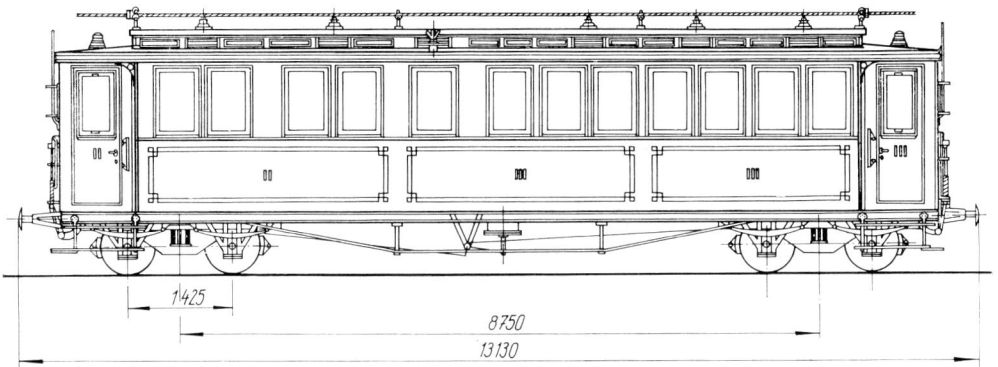

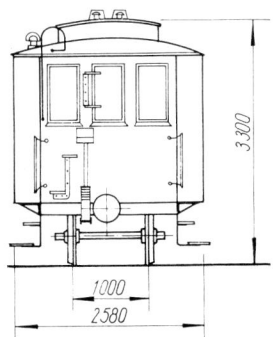

Bild 6.4.
Reisezugwagen 2./3. Klasse
GHE 10 bis GHE 13.
Zeichnung: Kieper

nach mehrere zwei- und vierachsige gedeckte Güterwagen mit Sitzbänken sowie mit Fenstern und Türen in den Stirnwänden aus. Die Zahl dieser Behelfs-Reisezugwagen stieg bis auf acht (1898). Da sie aber nicht den Komfortvorstellungen der Direktion entsprachen, waren daneben bereits 1890 und 1891 insgesamt zehn zweiachsige Sommerwagen beschafft worden — leichte Personenwagen mit nach oben hin zur Hälfte offenen Seitenwänden. Bei einigen ließ sich das Dach abnehmen. Diese Fahrzeuge wurden im Winter als offene Güterwagen genutzt.

In das Jahr 1891 fällt auch der Bau des Salonwagens. Dieser Wagen war in jenem Jahr ursprüng-

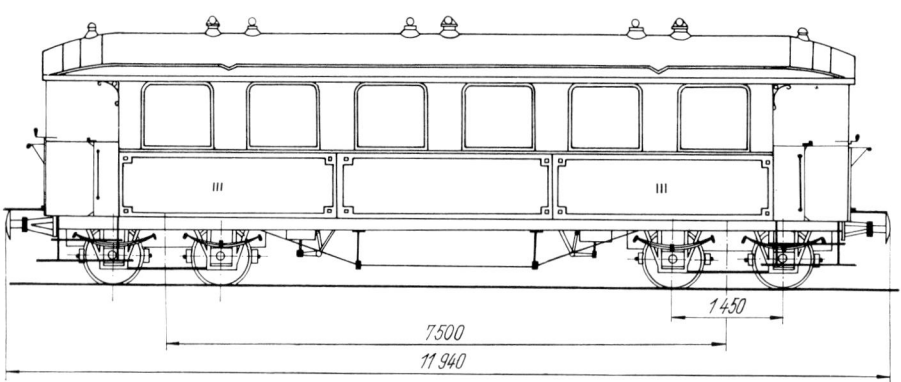

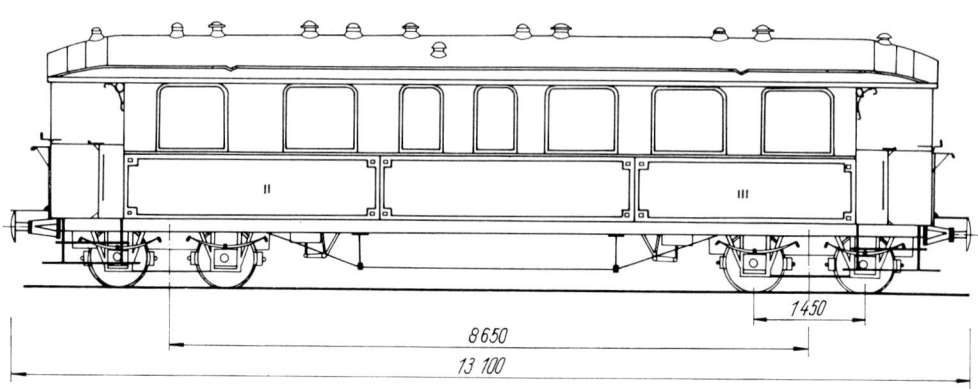

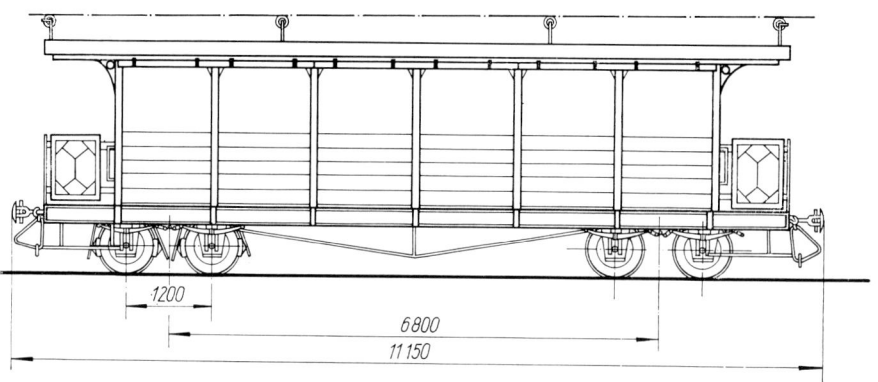

Bild 6.7. Reisezugwagen GHE 214 und GHE 215 (Sommerwagen). *Zeichnung: Kieper*

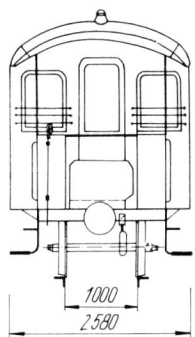

Bild 6.5.
Reisezugwagen GHE 27 bis
GHE 29.
Zeichnung: Bollmann

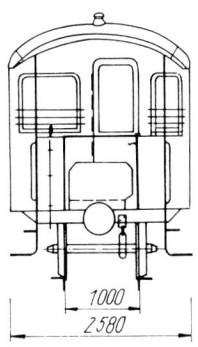

Bild 6.6.
Reisezugwagen GHE 14 und
GHE 15 (Aussichtswagen).
Zeichnung: Bollmann

lich als 2.-Klasse-Wagen anläßlich der Eröffnung des Streckenabschnittes nach Hasselfelde gekauft worden. Da aber das im 2./3.-Klasse-Wagen GHE 1 eingerichtete Salonabteil inzwischen nicht mehr genügte, baute man den neu erworbenen Wagen gleich zu einem Salonwagen für die Direktion und für Gesellschaftsfahrten um. Nun erhielt er die Betriebsnummer 1.

Nach dem Kauf von drei weiteren Wagen unmittelbar vor der Jahrhundertwende kam es bis zum Ausbruch des ersten Weltkrieges noch zweimal zum Erwerb größerer Posten an Wagen: sechs gingen 1905 anläßlich der Streckenerweiterung um den Abschnitt Hasselfelde—Eisfelder Talmühle und fünf 1911/12 zu. Damit verfügte die GHE insgesamt über 34 Reisezugwagen, davon 10 Sommerwagen. Weitere Wagen sind auch später nicht mehr beschafft worden.

Die leichten Sommerwagen konnten wegen des rauhen Harzklimas nur wenige Tage in der Saison eingesetzt werden und rentierten sich nicht. Deshalb sind sie 1921 in eigener Werkstatt zu offenen Güterwagen mit 5 t Tragfähigkeit umgebaut worden. Die verbliebenen 24 Personenwagen reichten aus, um den Bedarf zu decken, zumal ab 1925 der Kraftomnibusverkehr eingeführt und 1933 der Triebwagen in Fahrt gebracht wurde.

Alle Reisezugwagen sind 1946 abgegeben worden. Der Salonwagen wurde verschrottet.

Wann die Umnummerungen stattgefunden haben, ist nicht mehr exakt feststellbar. Bekannt ist nur, daß die beiden ersten 2./3.-Klasse-Wagen zunächst die Nummern 1 und 2 führten und die

Tabelle 6.1.
Die Sommerwagen
der GHE

GHE-Nummer	Gattung	Hersteller	Baujahr	Achsstand mm	Ladefläche	Bemerkungen
41	Cg[1]	Hofmann	1891	2 400	12,4	1918 ausgemustert
42	Cg	Hofmann	1891	2 400	12,4	1928/29 ausgemustert
52	Co[2]	Hofmann	1890	3 500	12,4	
53	Co	Hofmann	1891	3 500	10,5	
54	Co	Hofmann	1891	2 400	12,4	alle acht Fahrzeuge
55	Co	Hofmann	1891	2 400	12,4	1921 in offene
56	Co	Hofmann	1891	2 400	12,4	Güterwagen mit 5 t
57	Co	Hofmann	1890	3 500	12,4	Tragfähigkeit
58	Co	Hofmann	1890	3 500	12,4	umgebaut
59	Co	Hofmann	1890	2 400	12,5	

[1]) Geschlossene Güterwagen, auch für Personenbeförderung.
[2]) Offene Güterwagen, auch für Personenbeförderung.

Bild 6.8. Reisezugwagen DR 900-520, ursprünglich für die Strecke Eisfeld—Schönbrunn vorgesehen, 1985 in Straßberg.
Foto: G. Zieglgänsberger

Bild 6.9.
Reisezugwagen DR 900-485 (ex NWE 3) als Modernisierungswagen im Jahre 1985.
Foto: G. Zieglgänsberger

Tabelle 6.2. Die Reisezugwagen der GHE

GHE-Nummer	Gattung	Hersteller	Baujahr	Drehgestellachsstand mm	Drehzapfenabstand mm	Eigenmasse t	Beleuchtung	Heizung	Zahl der Plätze 1. Kl.	2. Kl.	3. Kl.	Bemerkungen
1	A	Hofmann	1891	1 200	4 940	8,80	Ka	D	24			
2	BC	Esslingen	1887	1 100	5 830	7,23	Ka	D		12	24	
3	BC	Esslingen	1887	1 100	5 830	8,20	Ke	D		16	28	
4	C	Esslingen	1887	1 100	5 260	6,87	Ke	D			36	
5	C	Esslingen	1887	1 200	5 000	8,20	Ke				36	
6	BC	Esslingen	1888	1 100	4 300	6,67	Ke	D		8	24	
7	BC	Herbrandt	1899	1 200	7 380	10,73	Ka	D		16	28	
8	BC	Herbrandt	1899	1 200	7 380	11,10	Ka	D		16	28	
9	BC	Herbrandt	1899	1 200	7 380	11,15	Ka	D		16	28	
10	BC	Hofmann	1905	1 430	8 750	14,36	Ka	D		12	28	geschl. Plattform
11	BC	Hofmann	1905	1 430	8 750	14,26	Ka	D		12	28	geschl. Plattform
12	BC	Hofmann	1905	1 430	8 750	14,36	Ka	D		12	28	geschl. Plattform
13	BC	Hofmann	1905	1 430	8 750	14,36	Ka	D		12	28	geschl. Plattform
14	BC	Lindner	1912	1 450	8 650	14,92	Ka	D		12	28	Aussichtswagen
15	BC	Lindner	1912	1 450	8 650	14,95	Ka	D		12	28	Aussichtswagen
21	C	Esslingen	1888	1 100	5 380	7,00	Ke				40	geschl. Plattform
22	C	Esslingen	1888	1 100	5 260	7,25	Ke	D			32	geschl. Plattform
23	C	Esslingen	1888	1 100	5 260	6,38	Ke	D			32	geschl. Plattform
24	C	Esslingen	1888	1 100	5 260	6,39	Ke	D			32	geschl. Plattform
25	C	Hofmann	1905	1 425	7 735	13,26	Öl	D			48	geschl. Plattform
26	C	Hofmann	1905	1 425	7 735	12,90	Öl	D			48	
27	Ci	Lindner	1911	1 450	7 500	12,77	Ka	D			48	
28	Ci	Lindner	1911	1 450	7 500	12,77	Ka	D			48	
29	Ci	Lindner	1911	1 450	7 500	12,77	Ka	D			48	

beiden ersten 3.-Klasse-Wagen — abweichend von der Regel — die Nummern 4 und 5 erhielten, während die restlichen 3.-Klasse-Wagen mit der Nummer 21 begannen. Die ersten Gepäckwagen hatten die Nummern 35 und 36. Im Jahre 1891 oder kurz danach erhielt der Salonwagen, wie schon erwähnt, die Nummer 1. Für diese willkürlich erscheinende Benummerung gibt es bisher keine reale Begründung.

Nach 1946 liefen auf der Selketalbahn Reisezugwagen der Harzquer- und der Brockenbahn, und zwar deren älteste Fahrzeuge mit Oberlichtaufbau. Darunter waren auch während des zweiten Weltkrieges von der Steinhuder-Meer-Bahn gekaufte Wagen sowie der umgebaute ehemalige Salonwagen der NWE und der Wagen Nr. 10 der Südharzbahn. Bis auf diejenigen, die in den Oldtimerzug der Harzquerbahn eingereiht wurden, sind alle diese Fahrzeuge inzwischen ausgemustert worden. Heute laufen auf der Selketalbahn modernere Wagen der Harzquer- und Brockenbahn und seit 1984 in zunehmendem Maße die modernisierten Harzquerbahnwagen mit Tonnendach und Knorr-Einheits-Bremse. Bis zur endgültigen Umstellung der Selketalbahn auf Druckluftbremse verkehren hier auch noch die modernisierten Wagen, welche für die Strecke Eisfeld—Schönbrunn vorgesehen waren.

Bild 6.10. Reisezugwagen DR 900-482, ex NWE 36, Zustand 1973. Diese Wagen wurden fast ein viertel Jahrhundert lang in ihrem ursprünglichen Aussehen auf der Selketalbahn eingesetzt. Foto: *G. Zieglgänsberger*

7. Die Gepäck- und Bahnpostwagen

Die ersten Fahrzeuge, die die GHE beschaffte, waren zwei kombinierte Gepäck-Bahnpostwagen. Sieben Jahre später gingen ihr noch einmal zwei solche Wagen zu, die eine offene Bühne hatten. Sie zeigten schlechte Laufeigenschaften. Durch eine Verlängerung des Achsstandes um 600 mm versuchte man 1898 dem Übel abzuhelfen. Von den beiden ersten, um 1922 ausgemusterten Wa-

gen diente ein Wagenkasten noch 1925 den Schlossern der Werkstatt in Gernrode als Frühstücksraum.

Zwischen 1905 und 1909 wurden vier weitere Gepäckwagen beschafft, die bis 1946 im Einsatz waren. Nach der Wiederinbetriebnahme der Selketalbahn gingen ihr zunächst drei zweiachsige Gepäckwagen zu. Es waren die letzten Vertreter

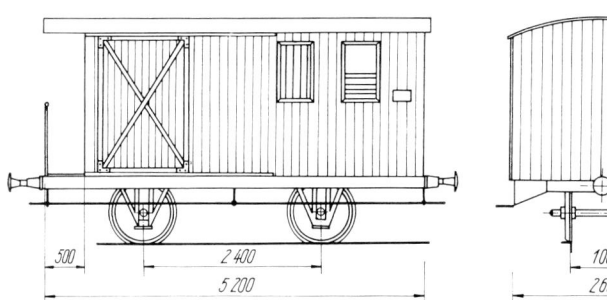 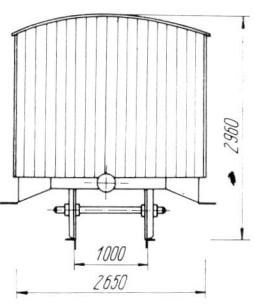

Bild 7.1.
Gepäckwagen für die GHE, Erstausstattung.
Quelle: Zeitschrift für das gesamte Local- und Straßenbahnwesen, 1886/88

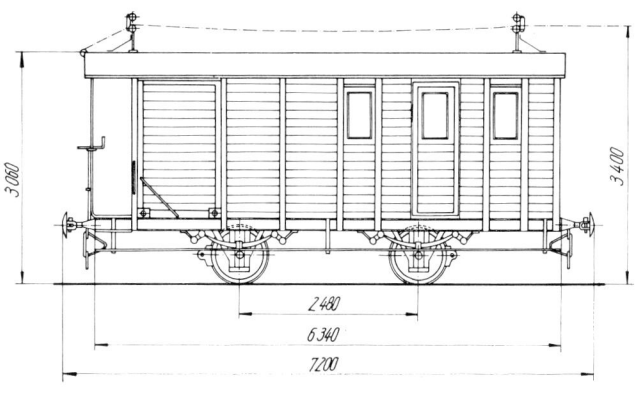 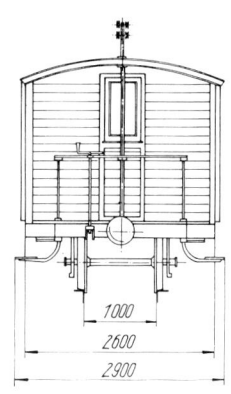

Bild 7.2. Kombinierte Gepäck- und Bahnpostwagen GHE 42 und GHE 43.

Zeichnung: Schröder

Die Gepäck- und Bahnpostwagen

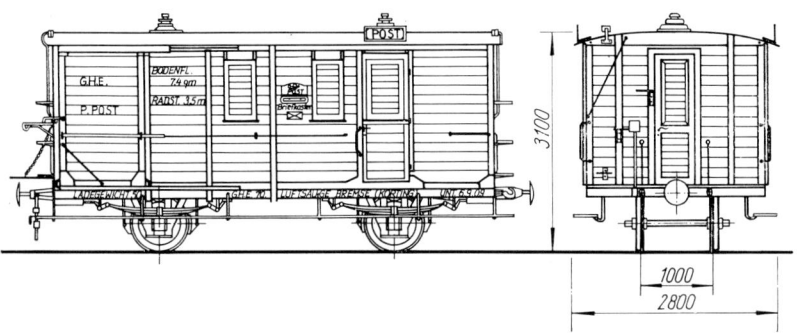

Bild 7.3.
Kombinierter Gepäck-
und Bahnpostwagen
GHE 67.
Zeichnung: Kieper

Tabelle 7.1.
Die Gepäck- und
Bahnpostwagen
der GHE

GHE-Nummer	Gattung	Hersteller	Baujahr	Achsstand mm	Tragfähigkeit t	Bemerkungen
35	PP[1])	Esslingen	1886	2 400	5	1898 Achsstand auf 3 000 mm erhöht; etwa 1922 ausgemustert
36	PP	Esslingen	1886	2 400	5	etwa 1922 ausgemustert
62	PP	Hofmann	1891	2 400	3,5	1898 Achsstand auf 3 000 mm erhöht
63	PP	Hofmann	1893	2 400	3,5	1898 Achsstand auf 3 000 mm erhöht
64	PP	Görlitz	1907	3 500	5	1908 abgebrannt; danach wieder aufgebaut
65	PP	Görlitz	1905	3 500	5	
66	PP	Görlitz	1907	3 500	5	
67	PP	Görlitz	1909	3 500	5,3	

[1]) Kombinierte Gepäck-Bahnpostwagen.

Tabelle 7.2. Die Gepäckwagen auf der Selketalbahn nach 1946

NWE-Nummer	DR-Nummer	Gattung	Herstellungsort	Baujahr	Achsstand mm	Drehgestellachsstand mm	Drehzapfenabstand mm	Tragfähigkeit t	Zahl der Sitzplätze	Bemerkungen
151	905-151	KDwi	Köln	1897	3 200			7,5		
155	905-152	KDwi	Köln	1898	3 200			7,5		
156	905-153	KDwi	Köln	1899	3 200			7,5		
34	902-301	KBDw4i	Wismar	1926		1 200	8 600		23	1974 nach Unfall verschrottet
35	902-302	KBDw4i	Wismar	1926		1 200	8 600		23	

Bild 7.4. Gepäckwagen 905-151, ex NWE 151, auf der Selketalbahn im Zustand von 1985.   *Foto: G. Zieglgänsberger*

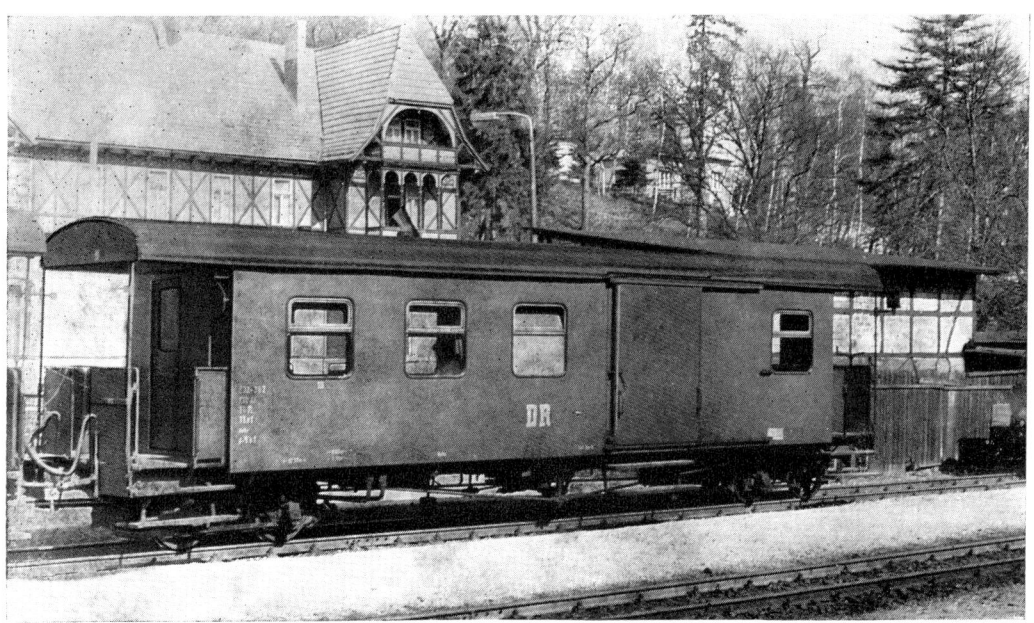

Bild 7.5. Modernisierter kombinierter Reisezug- und Gepäckwagen 902-302 im Jahre 1981. Das Dach blieb eine NWE-Aus-führung.   *Foto: Rejke*

einer Serie von sechs Wagen, mit denen der Zug-
betrieb auf der Nordhausen-Wernigeroder Eisenbahn eröffnet worden war.

Später wurde der kombinierte Reisezug-Gepäckwagen 902 301, ein umgebauter Reisezugwagen
(ex NWE 34), zur Selketalbahn umgesetzt. Nach
dem Unfall bei Drahtzug mußte er verschrottet
werden. Als Ersatz kam der ebenfalls aus einem
Reisezugwagen aufgebaute kombinierte 902 302
(ex NWE 35). Jeweils für kurze Zeit sind auch andere Gepäckwagen aus Wernigerode im Selketal
eingesetzt worden. 1988 wurde damit begonnen,
einige zweiachsige G-Wagen zu Gepäckwagen
umzubauen.

8. Die Güterwagen

Zur Erstausstattung der Gernrode-Harzgeroder Eisenbahn gehörten sechs gedeckte und zehn offene Güterwagen. Alle sechzehn Wagen hatten einen Achsstand von 2 400 mm bei 5 200 mm Wagenkastenlänge. Die Tragfähigkeit betrug 5 t. Vier der offenen Güterwagen konnten mit wenigen Handgriffen zu Drehschemelwagen hergerichtet und zum Langholztransport genutzt werden.

Zehn Rollböcke (Trucks) zum Transport regelspuriger Güterwagen gehörten ebenfalls zum Erstbestand der GHE, doch sind sie schon vor 1896 wie-

Bild 8.1. Gedeckter Güterwagen Nr. 79 der GHE.   *Archiv VEB Waggonbau Görlitz. Sammlung Kieper*

Tabelle 8.1. Die Güterwagen der GHE

GHE-Nummer	Gattung	Hersteller	Baujahr	Achsstand mm	Drehgestellachsstand mm	Drehzapfenabstand mm	Tragfähigkeit t	Ladefläche m²	Bemerkungen
71	G	Esslingen	1886	2 400			5	12,8	1908/10 ausgemustert
72	G	Esslingen	1886	2 400			5	12,8	1908/10 ausgemustert
73	G	Esslingen	1886	2 400			5	12,8	1908/10 ausgemustert
74	G	Esslingen	1886	2 400			5	12,8	1908/10 ausgemustert; Wagenkasten steht hinter Lokschuppen in Gernrode
75	G	Esslingen	1886	2 400			5	12,8	1908/10 ausgemustert
76	G	Esslingen	1886	2 400			5	12,8	1908/10 ausgemustert
77	G	Hofmann	1891	2 400			5	12,8	für Personenbeförderung einsetzbar; ausgemustert
78	G	Hofmann	1891	2 400			5	12,8	für Personenbeförderung einsetzbar; ausgemustert
79	G	Hofmann	1891	2 400			5	12,8	für Personenbeförderung einsetzbar
71	G	Görlitz	1897	3 000			7,5	14,1	99-71-01; GHE-Nummer 2. Mal besetzt (Kasten steht auf Bahnhof Stiege)
72	G	Hofmann	1897	3 000			7,5	14,1	99-71-02; Wagenkasten steht als Schuppen in Gernrode; GHE-Nummer 2. Mal besetzt
73	G	Hofmann	1897	3 000			7,5	14,1	GHE-Nummer 2. Mal besetzt
74	G	Görlitz	1897	3 000			7,5	14,1	GHE-Nummer 2. Mal besetzt
75	G	Hofmann	1895	3 000			7,5	14,1	GHE-Nummer 2. Mal besetzt
80	Gm	Görlitz	1908	3 500			10	14,9	99-71-03; Wagenkasten steht als Schuppen in Eisfelder Talmühle
81	Gm	Görlitz	1908	3 500			10	14,9	
82	Gm	Görlitz	1908	3 500			10	14,9	99-71-04
86	Gl	Hofmann	1895		1 200	6 000	10	22,8 ⎫	für Personenbeförderung einsetzbar; besonders lange Wagen, liefen bis 1946 als Stückgutwagen zwischen Gernrode und Harzgerode
87	Gl	Hofmann	1895		1 200	6 000	10	22,8 ⎭	
88	Gml	Hofmann	1905		1 200	4 200	15	20,0	
89	Gml	Hofmann	1905		1 200	4 200	15	20,0	
90	Gml	Hofmann	1905		1 200	5 200	15	20,0	
91	Gml	Hofmann	1905		1 200	5 200	15	20,0	99-71-05; wurde 1985 Hilfszugwagen in Nordhausen
92	Gml	Hofmann	1905		1 200	5 200	15	20,0	
93	Gml	Hofmann	1905		1 200	5 200	15	20,0	99-71-06; Wagenkasten steht als Schuppen auf Bahnhof Gernrode
94	Gml	Hofmann	1905		1 200	5 200	15	20,0	
95	Gml	Hofmann	1905		1 200	5 200	15	20,0	
96	Gml	Hofmann	1905		1 200	5 200	15	20,0	
97	Gml	Hofmann	1905		1 200	5 200	15	20,0	
98	Gml	Hofmann	1907		1 200	5 200	15	20,0	
99	Gml	Hofmann	1907		1 200	5 200	15	20,0	
101	Ow	Esslingen	1887	2 400			5	12,8	1908/10 ausgemustert
102	Ow	Esslingen	1887	2 400			5	12,8	1908/10 ausgemustert
103	Ow	Esslingen	1887	2 400			5	12,8	1908/10 ausgemustert
104	Ow	Esslingen	1887	2 400			5	12,8	1908/10 ausgemustert
105	Ow	Esslingen	1887	2 400			5	12,8	1908/10 ausgemustert
106	Ow	Esslingen	1887	2 400			5	12,8	1908/10 ausgemustert
107	Ow	Esslingen	1887	2 400			5	12,8	1908/10 ausgemustert
108	Ow	Esslingen	1887	2 400			5	12,8	1908/10 ausgemustert
109	Ow	Zypen	1887	2 400			5	12,8	1908 und 1910 ausgemustert
110	Ow	Zypen	1887	2 400			5	12,8	1908 und 1910 ausgemustert
111	Ow	Zypen	1889	2 400			5	12,4	1908 und 1910 ausgemustert
112	Ow	Zypen	1889	2 400			5	12,4	1908 und 1910 ausgemustert
113	Ow	Zypen	1889	2 400			5	12,4	1908 und 1910 ausgemustert
114	Ow	Zypen	1889	2 400			5	12,4	1908 und 1910 ausgemustert
115	Ow	Zypen	1889	2 400			5	12,4	

noch Tabelle 8.1.

GHE-Nummer	Gattung	Hersteller	Baujahr	Achsstand	Drehgestellachsstand	Drehzapfenabstand	Tragfähigkeit	Ladefläche	Bemerkungen
				mm	mm	mm	t	m²	
116	Ow	Zypen	1889	2 400			5	12,4	1908 und 1910 ausgemustert
117	Ow	Zypen	1889	2 400			5	12,4	1908 und 1910 ausgemustert
118	Ow	Zypen	1889	2 400			5	12,4	1908 und 1910 ausgemustert
119	Ow	Zypen	1893				6	12,4	1908 und 1910 ausgemustert
120	Ow	Zypen	1893				6	12,4	1908 und 1910 ausgemustert
121	Ow	Zypen	1896	2 400			5	12,4	1908 und 1910 ausgemustert
122	Ow	Zypen	1896	2 400			5	12,4	1908 und 1910 ausgemustert
123	Ow	Zypen	1896	2 400			5	12,4	1919 ausgemustert
124	Ow	Zypen	1896	2 400			5	12,4	
125	Ocm	Görlitz	1898	4 000			10	17,2	
126	Ocm	Görlitz	1898	4 000			10	17,2	
127	Ocm	Görlitz	1898	4 000			10	17,2	
128	Ocm	Görlitz	1898	4 000			10	17,2	
129	Ocm	Görlitz	1898	4 000			10	17,2	
130	Ocm	Görlitz	1898	4 000			10	17,2	99-72-01
131	Om	Hofmann	1905	3 000			10	13,2	
132	Om	Hofmann	1905	3 000			10	13,2	
133	Om	Hofmann	1905	3 000			10	13,2	
136	Om	Hofmann	1907	3 000			10	13,2	
137	Om	Hofmann	1907	3 000			10	13,2	
138	Om	Hofmann	1907	3 000			10	13,2	
139	Om	Hofmann	1907	3 000			10	13,2	
140	Om	Hofmann	1907	3 000			10	13,2	
141	Om	Hofmann	1907	3 000			10	13,2	
157	Om	Hofmann	1905	3 000			10	13,2	
158	Om	Hofmann	1905	3 000			10	13,2	
159	Om	Hofmann	1905	3 000			10	13,2	
160	Om	Hofmann	1905	3 000			10	13,2	
161	Om	Hofmann	1905	3 000			10	13,2	
162	Om	Hofmann	1905	3 000			10	13,2	
163	Omc	Hofmann	1908	3 000			10,5	13,2	Bettgestellwagen mit Holztür oder Stahltür
164	Omc	Hofmann	1908	3 000			10,5	13,2	
165	Omc	Hofmann	1908	3 000			10,5	13,2	Ein Wagen davon war der DR 99-03-38 (163-182)
166	Omc	Hofmann	1908	3 000			10,5	13,2	
167	Omc	Hofmann	1908	3 000			10,5	13,2	
168	Omc	Hofmann	1908	3 000			10,5	13,2	Bettgestellwagen mit Holztür oder Stahltür
169	Omc	Hofmann	1908	3 000			10,5	13,2	Bettgestellwagen mit Holztür oder Stahltür
170	Omc	Hofmann	1908	3 000			10,5	13,2	Bettgestellwagen mit Holztür oder Stahltür
171	Omc	Hofmann	1908	3 000			10,5	13,2	Bettgestellwagen mit Holztür oder Stahltür
172	Omc	Hofmann	1908	3 000			10,5	13,2	Bettgestellwagen mit Holztür oder Stahltür
173	Omc	Hofmann	1908	3 000			10,5	13,2	Bettgestellwagen mit Holztür oder Stahltür
174	Omc	Hofmann	1908	3 000			10,5	13,2	Bettgestellwagen mit Holztür oder Stahltür
175	Omc	Hofmann	1908	3 000			10,5	13,2	Bettgestellwagen mit Holztür oder Stahltür
176	Omc	Hofmann	1908	3 000			10,5	13,2	Bettgestellwagen mit Holztür oder Stahltür
177	Omc	Hofmann	1908	3 000			10,5	13,2	Bettgestellwagen mit Holztür oder Stahltür

noch Tabelle 8.1.

GHE-Nummer	Gattung	Hersteller	Baujahr	Achsstand	Drehgestellachsstand	Drehzapfenabstand	Tragfähigkeit	Ladefläche	Bemerkungen
				mm	mm	mm	t	m²	
178	Omc	Hofmann	1908	3 000			10,5	13,2	Bettgestellwagen mit Holztür oder Stahltür
179	Omc	Hofmann	1908	3 000			10,5	13,2	Bettgestellwagen mit Holztür oder Stahltür
180	Omc	Hofmann	1908	3 000			10,5	13,2	Bettgestellwagen mit Holztür oder Stahltür
181	Omc	Hofmann	1908	3 000			10,5	13,2	Bettgestellwagen
182	Omc	Hofmann	1908	3 000			10,5	13,2	Bettgestellwagen
201	Ol	Zypen	1889		1 100	6 800	10,5		ohne Bremse
202	Ol	Zypen	1889		1 100	6 800	10,5		ohne Bremse
203	Oml	Hofmann	1891		1 200	6 800	15,75	22,8	
204	Oml	Hofmann	1891		1 200	6 800	15,75	22,8	
205	Oml	Hofmann	1891		1 200	6 800	15,75	22,8	
206	Smlrg	Hofmann	1893		1 200	6 800	15,75	25,0	
207	Smlrg	Hofmann	1893		1 200	6 800	15,75	25,0	
208	Smlrg	Hofmann	1893		1 200	6 800	15,75	25,0	
209	Smlrg	Hofmann	1893		1 200	6 800	15,75	25,0	
211	Smlrg	Zypen	1893		1 100	6 900	15,75	25,0	Holzrungen
212	Smlrg	Zypen	1893		1 100	6 900	15,75	25,0	Holzrungen
214	SSp	Görlitz	1893		1 200	6 800	15,75	25,8	Eisenrungen (waren für Personenbeförderung geeignet)
215	SSp	Görlitz	1898		1 200	6 800	15,75	25,8	Spindelbremse
301	Hl	Hofmann	1893		1 200		5	4,5	1937 ausgemustert
302	Hl	Hofmann	1893		1 200		5	4,5	1937 ausgemustert
303	Hlm	Hofmann	1905	3 000			10,2	13,2	
304	Hlm	Hofmann	1905	3 000			10,2	13,2	
305	Hlm	Hofmann	1907	3 000			10,5	13,2	
306	Hlm	Hofmann	1907	3 000			10,5	13,2	
307	Hlm	Hofmann	1907	3 000			10,5	13,2	
308	Hlm	Hofmann	1907	3 000			10,5	13,2	
401	SS	Lindner	1908		1 400	8 000	22,0	31,0	Spindelbremse
402	SS	Lindner	1908		1 400	8 000	22,0	30,0	Spindelbremse
501	KO	Zypen	1912		1 100	3 850	10,5		Kessel für Petroleum
502	KO	Lindner	1915	2 500			10,5		Kessel für Säure; DR 99-01-98

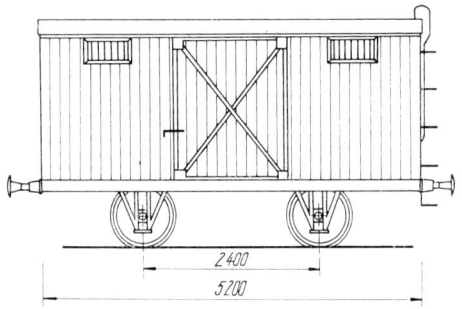
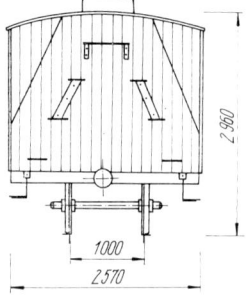

Bild 8.2.
Gedeckter Güterwagen, Teil der Erstausstattung der GHE.
Quelle:
Zeitschrift für das gesamte Local- und Straßenbahnwesen,
1886/88

Bild 8.3. Gedeckter Güterwagen Nr. 81 der GHE. *Archiv VEB Waggonbau Görlitz. Sammlung Kieper*

Bild 8.4. Gedeckter Güterwagen DR 99-71-06, ex GHE 93, im Jahre 1972. *Foto: G. Zieglgänsberger*

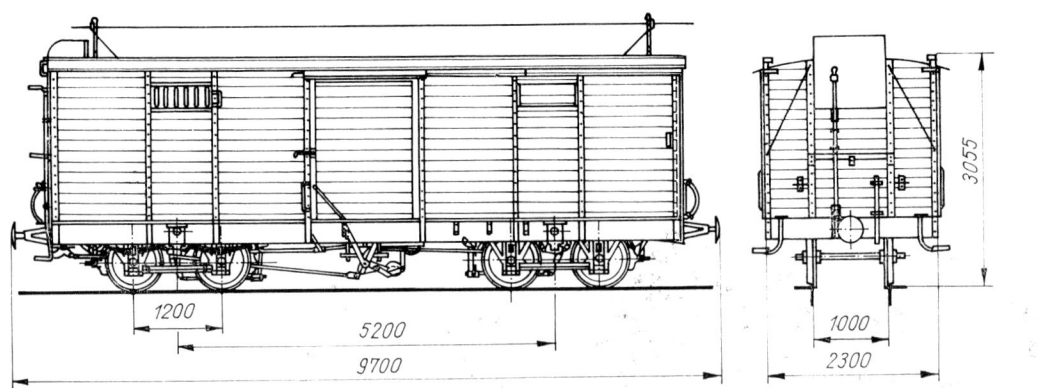

Bild 8.5.   Gedeckter Güterwagen Nr. 98 der GHE.   *Zeichnung: Kieper*

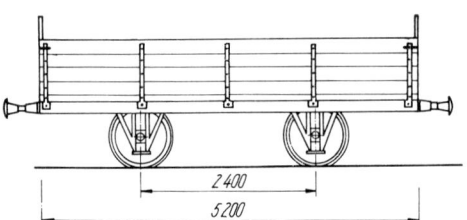

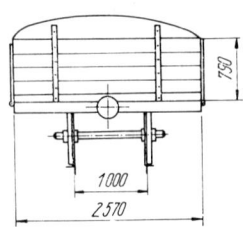

Bild 8.6.
Offener Güterwagen, für
die Erstausstattung der GHE
gebaut.
*Quelle: Zeitschrift für das
gesamte Local- und Straßenbahnwesen, 1886/88*

Bild 8.7.   Offener Güterwagen Nr. 105 der GHE.   *Archiv VEB Waggonbau Görlitz. Sammlung Kieper*

Bild 8.8. Offener Güterwagen (sogenannter Bettgestellwagen) DR 99-03-38, ex GHE 163 bis GHE 182, mit Stahltür, Zustand 1970. Die Originalnummer des Wagens war nicht mehr zu ermitteln. *Foto: Kieper*

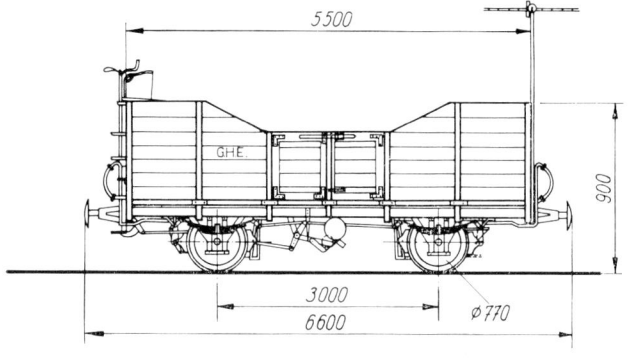

Bild 8.9.
Offene Güterwagen GHE 163 bis GHE 182 mit Stahl- oder Holztür und noch mit Heberleinbremse.
Zeichnung: Kieper

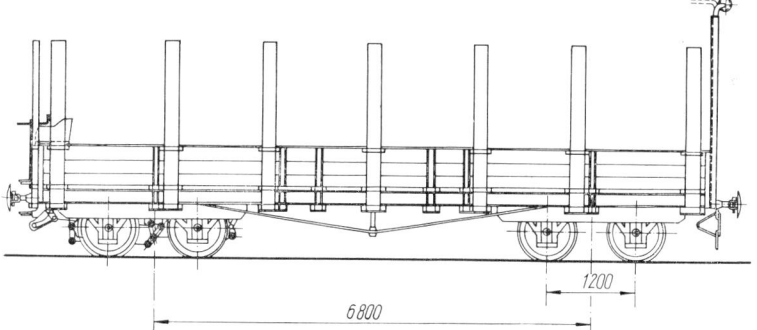

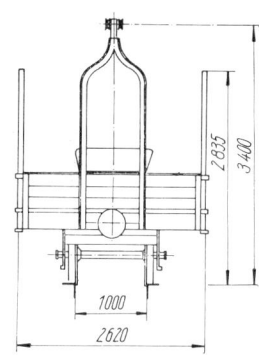

Bild 8.10. Offene Güterwagen GHE 203 bis GHE 205 (hier noch mit Heberleinbremse). *Zeichnung: Kieper*

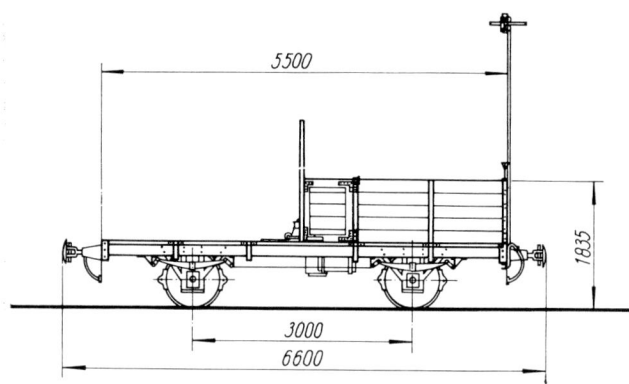

Bild 8.11.
Offene Güterwagen GHE 303 bis GHE 308
(hier noch mit Heberleinbremse).
Zeichnung: Kieper

Bild 8.12.
Drehschemelwagen
DR 99-04-? und
DR 99-04-18, ex
NWE 823,
Zustand 1970.
Foto: Kieper

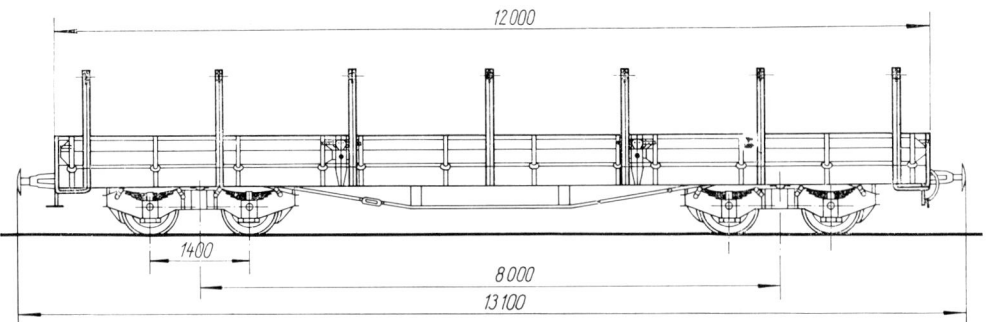

Bild 8.13. Rungenwagen GHE 401 und GHE 402.　　　　　　　　　*Zeichnung: Kieper*

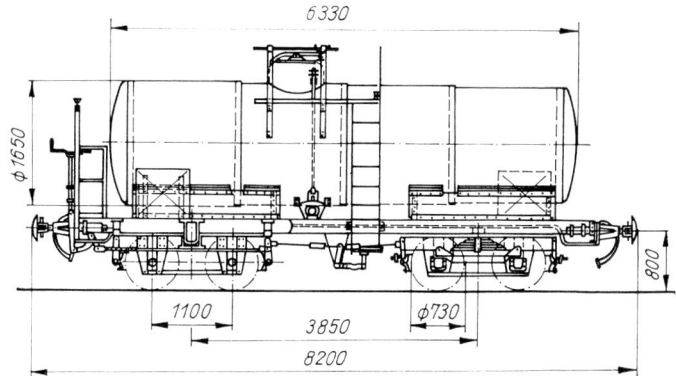

Bild 8.14.
Kesselwagen Nr. 501 der GHE.
Zeichnung: Schröder

Bild 8.15.
GHE 502, ein ehemaliger Privatkesselwagen der Fluorwerke (Flußsäurefabrik), hier als Bahndienstwagen des BW Wernigerode/Westerntor im Jahre 1983.
Foto:
G. Zieglgänsberger

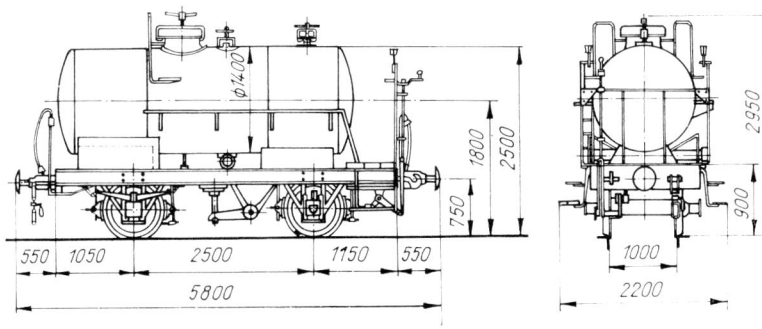

Bild 8.16.
Kesselwagen GHE 502, später DR 99-01-98.
Zeichnung: Taege

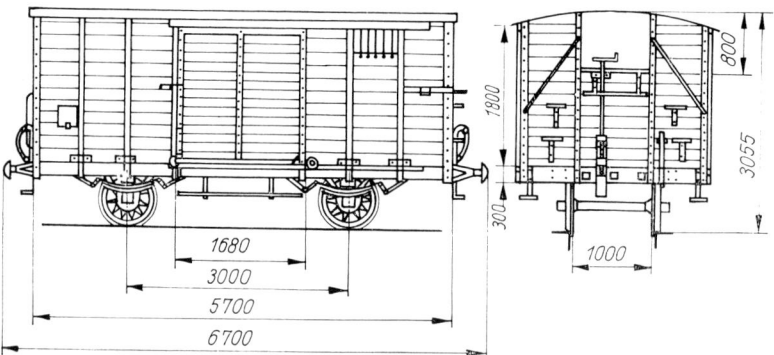

Bild 8.17.
Gedeckter Wagen
DR 99-02-33, ex GHE 71.
Zeichnung: Zieglgänsberger

Bild 8.18. DR 99-04-76, ex NWE 636, Zustand 1982.

Foto: G. Zieglgänsberger

der abgegeben worden. Ihr Einsatz ist nicht nachzuweisen. Die Lokomotiven sind vermutlich zu leistungsschwach für diese Betriebsart gewesen.

Zu einer wesentlichen Aufstockung des Güterwagenparks kam es in den Jahren von 1905 bis 1908, nachdem die Gesamtstrecke fertiggestellt worden war. Diese neuen Fahrzeuge waren bereits mit der Körting-Saugluftbremse ausgestattet. Gleichzeitig wurden fast alle Fahrzeuge der Erstausstattung ausgemustert, da sich ein Umbau

Bild 8.19. DR 99-72-01, ex GHE 130, Zustand etwa 1960.

Archiv Verwaltung Wagenwirtschaft der Rbd Magdeburg

Bild 8.20. DR 99-72-02, ex SHE 274, 1971 in Alexisbad. Zuletzt war das Fahrzeug in Nordhausen als Bahnhofswagen Nr. 11 eingesetzt und ist inzwischen verschrottet worden.
Foto: G. Zieglgänsberger

von der Heberlein-Seilzugbremse auf das neue Bremssystem bei den 20 Jahre alten Fahrzeugen nicht mehr lohnte. Bei den wenigen noch verbliebenen Wagen wurde der Achsstand auf 2 750 mm verlängert.

Später konnten noch zwei Kesselwagen eingestellt werden. Beide waren Privatwagen: Der vierachsige gehörte der Petroleumvertriebsgesellschaft Fuegner in Harzgerode, der zweiachsige diente den Fluorwerken in Lindenberg zum Schwefelsäuretransport. Der Petroleumwagen trug die Aufschrift DAPOLIN und war grau gestrichen. Der Schwefelsäurewagen hatte einen schwarzen Anstrich und wird heute als Wasserwagen im Feuerlöschzug des Bahnbetriebswerkes Wernigerode benutzt. Alle übrigen Güterwagen waren grün gestrichen.

Der Güterwagenpark blieb bis 1946 konstant. Eine 1941 aufgegebene Bestellung über 10 vierachsige, gedeckte sowie 20 zweiachsige, offene Wagen war wegen des Krieges unberücksichtigt geblieben. Nach 1946 wurde der auf wenige Fahrzeuge geschrumpfte Park mit Wagen der Harzquer- und auch einigen der Südharzbahn aufgefüllt, so daß ein Bestand von etwa 40 Fahrzeugen erreicht werden konnte.

Die Selketalbahn war bis 1984 die einzige Schmalspurbahn in der DDR, auf der alle Güter ausschließlich in Schmalspurwagen transportiert

Bild 8.21.
DR 99-02-12, ex
NWE 340, Zustand 1983.
Foto:
G. Zieglgänsberger

wurden. Diese Wagen sind während ihrer Einsatzzeit nur wenig verändert worden, lediglich die Bremsersitze entfernte man bei Aufenthalten im Raw. In letzter Zeit wurde bei einigen Wagen die Holzbeplankung gegen eine aus Blech ersetzt. Wenn der Rollwagenverkehr auf der gesamten Bahn eingeführt worden ist, sollen einige Wagen für andere Zwecke umgebaut werden.

Bild 8.22.
DR 99-03-20, ex
NWE 420, mit heruntergeklapptem Bremsersitz im Jahre 1983.
Foto:
G. Zieglgänsberger

Bild 8.23.
DR 99-03-90, ex
NWE 510, Zustand 1983.
Foto:
G. Zieglgänsberger

Bild 8.24.
DR 99-71-05,
ex GHE 92,
als Gerätewagen für
den Hilfszug in Nord-
hausen im Jahre 1985.
Die Fenster sind im
selben Jahr eingebaut
worden.
Foto: Krause

9. Die Bahndienstwagen

Ursprünglich war jede Lokomotive mit zwei schweren Handwinden versehen. Weiteres Werkzeug und Kleinmaterial lagerten im Gepäckwagen, so daß bei Entgleisungen Lokomotiv- und Zugpersonal den Schaden rasch beheben konnten.

Für die Oberbauunterhaltung standen sechs Handloren zur Verfügung. Durch Vorsetzen eines Pflugschares konnten sie auch zum Schneeräumen genutzt werden. Zu den Bahndienstwagen zählte zudem ein kleiner, fahrbarer Handkran. Für die Streckenkontrolle wurde noch vor dem ersten Weltkrieg eine motorisierte, zweisitzige Draisine angeschafft.

Nach 1946 enstand zunächst eine Eigenbaudraisine, die ab 1950 in Straßberg stationiert war. Dem Bahnmeister stand ein zum Schienenkraftrad umgebauter Kleinroller vom Typ KR 50 zur Verfügung. Eine sogenannte Dieselameise, Typ Multicar, war mit Spurkranzrädern versehen worden und zunächst auf der Harzquerbahn, dann aber in Gernrode stationiert.

Ab 1972 konnte dann ein moderner Rottenkraftwagen (Gleiskraftwagen ⟨SKL⟩, Typ Schöneweide) mit Anhänger für die Oberbauarbeiten eingesetzt werden.

Von den sechziger Jahren an bis zur Ausmusterung 1978 diente der Triebwagen der GHE (ex GHE T 1) als Hilfszugwagen. Jetzt erfüllt ein Güterzuggepäckwagen oder ein zweiachsiger Gerätewagen diese Aufgabe.

Im Eigenbau entstand auch ein Feuerlöschzug, und zwar aus einem ehemaligen vierachsigen Schienenwagen der NWE mit aufgesetztem Kessel und einem früheren gedeckten Güterwagen der NWE, in dem nun die Motorpumpe und die Schläuche aufbewahrt wurden. 1985 ist dieser Zug aufgelöst worden. An seiner Stelle wird im

Bild 9.1.
Alter Schneepflug auf dem Bahnhof Gernrode im Jahre 1978.
Foto: Kieper

Bild 9.2. Bahnmeister Buchmann 1978 auf dem schienengebundenen Kleinroller KR 50.   Foto: Rejke

Bild 9.4. Ehemaliger Feuerlöschzug mit Wasserwagen 1978 in Gernrode.   Foto: Röper

Bild 9.3. Gleiskraftwagen SKL, Typ Schöneweide, im Jahre 1985.   Foto: G. Zieglgänsberger

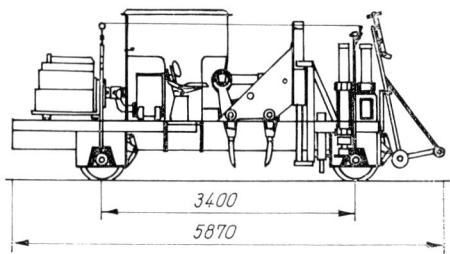

Bild 9.5. Schematische Darstellung einer UNIMA 2. Quelle: Werkprospekt Plasser und Theurer

Tabelle 9.1. Technische Daten der UNIMA 2

Masse:	etwa 10 t
Länge:	5 170 mm
Breite:	2 500 mm
Höhe:	2 280 mm
Achsstand:	3 400 mm
Raddurchmesser:	500 mm
Motorleistung:	48 kW (65 PS)
Fahrgeschwindigkeit:	30 km/h
Spurweite:	1 000 mm

Sommer bei Waldbrandgefahr der Gleiskraftwagen mit aufgesetztem Wasserbehälter eingesetzt. Für den Schienentransport dienten ursprünglich vierachsige Schienenwagen. Heute stehen dafür vier ehemalige HW-Wagen (Drehschemel, zweiachsig) der NWE zur Verfügung. Weitere Spezialfahrzeuge wie Schotterwagen mit Dosiereinrichtungen oder Unkrautbekämpfungswagen werden bei Bedarf von der Harzquerbahn entliehen.

1983 kaufte die Deutsche Reichsbahn von der Firma Plasser & Theurer aus Wien die UNIMA 2, eine Nivellier-, Hebe-, Rück- und Stopfmaschine, für die meterspurigen Harzbahnstrecken. Vor allem beim Wiederaufbau der Strecke Straßberg—Stiege und bei der Oberbauerneuerung der Selketalbahn erwies sich diese Maschine als unentbehrlich. Sie besitzt zwei Gleisstopfaggregate mit 16 Stopfpickel. Das Gleis wird mittels Hydraulik-

zylindern angehoben, die sich am Schotter bei den Schwellenköpfen abstützen. Die Gleisüberhöhung wird von einem Pendel angezeigt, während der Hebevorgang automatisch über ein Stahlsehnennivelliersystem gesteuert wird. Beim waagerechten Gleisrücken müssen die Hydraulikzylinder von Hand gesteuert werden. Ein spezieller Tiefladeanhänger ermöglicht den Transport der Maschine auf der Straße.

Und noch ein Schienenfahrzeugtyp ist in zunehmendem Maße auf dem Streckennetz der Selketalbahn zu sehen: ein niedriges, mit zwei Dreh-

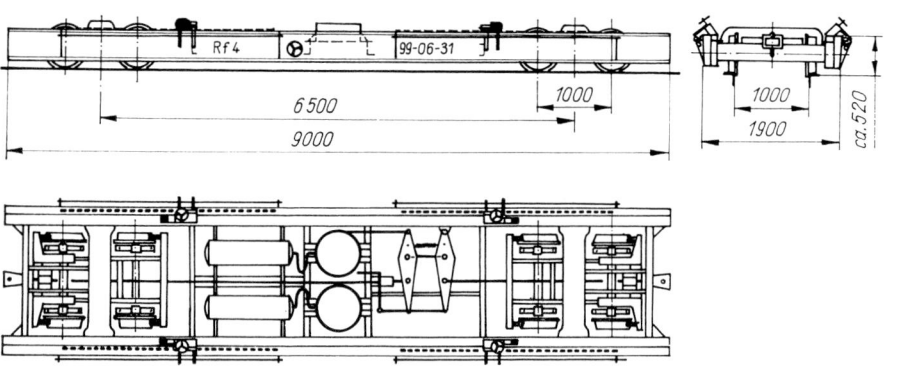

Bild 9.6. Maßskizze von einem Rollwagen.

Zeichnung: Uhlemann

Bild 9.7. Rollwagen, Zustand 1987.

Foto: G. Zieglgänsberger

Bild 9.8. Aufgerollter Regelspurwagen im Jahre 1987. Deutlich sind die Feststellelemente Spannschloß, Kette und Radvorleger zu erkennen. *Foto: G. Zieglgänsberger*

gestellen versehenes Rollfahrzeug zum Transport regelspuriger Güterwagen. Bild 9.7. zeigt ein solches Rollfahrzeug von 40 t Tragfähigkeit mit Saugluftbremse des Systems Hardy. Auf dem gesamten Harzer Schmalspurnetz sind ca. 80 Rollwagen im Einsatz. Die Fahrbühne dieser Rollwagen befindet sich 430 mm über Schienenoberkante. Über eine Aufrollrampe auf dem Spurwechselbahnhof gelangen die regelspurigen Wagen auf die 9 m lange Fahrbühne und werden dort gegen ein Abrollen mit Feststelleinrichtungen gesichert. Dazu gehören Spannschloß, Kette mit einem um die Achse des Regelspurwagens greifenden Bügel sowie doppelt wirkende Radvorleger. Letztere laufen auf einer Führungsstange und werden durch Nocken am Langträger in ihrer Stellung arretiert.

Die Lagegenauigkeit der Gleise spielt für den Fahrzeuglauf eine entscheidende Rolle. Seit 1966 setzt deshalb die Deutsche Reichsbahn auf den Regelspurstrecken Gleismeßfahrzeuge ein, die im Ausbesserungswerk „Einheit", Leipzig, hergestellt werden. Der wirtschaftlichen Bedeutung der Harzer Schmalspurbahnen Rechnung tragend, baute das Oberbauwerk Kirchmöser ein solches Meßfahrzeug auf 1 000 mm Spurweite um. Am 16. April 1986 konnte es zum ersten Mal auf einer Harzer Schmalspurstrecke eingesetzt werden. Das Fahrzeug erhielt die Bezeichnung GMF 79. Es ist auf einem Gleiskraftwagen-Anhänger aufgebaut und wird von einem Gleiskraftwagen oder auch von einer Lokomotive bewegt. Das GMF 79 kann folgende, für den Gleisbau wichtige Meßgrößen erfassen:

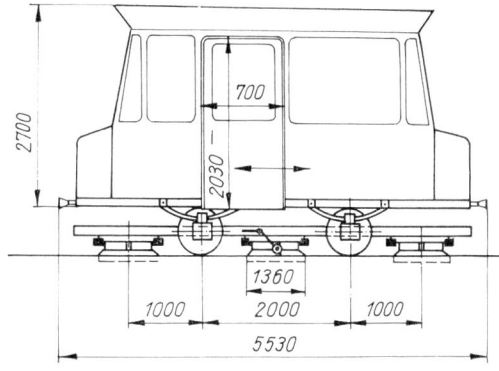

Bild 9.9. Das Gleismeßfahrzeug GMF 79 im Einsatz auf der Strecke Harzgerode—Alexisbad im Mai 1986.   Foto: Frenzel

Längshöhenlage
— gemessen werden die vertikalen Abstände gegenüber der horizontalen Verbindungslinie
durch die Endachsen des Meßwagens;
Querhöhenlage
— sie ergibt sich aus der Differenz der Höhen
von den Schienenoberkanten bis zur kreiselsta-
bilisierten Ebene;
Verwindung
— sie wird errechnet aus der Differenz der Über-
höhungen zweier benachbarter Gleisquer-
schnitte;
Spurweite
— sie wird von 0 mm bis 14 mm unter Schienenoberkante gemessen.
Als Bezugsniveau für die Meßfühler bzw. Meßgrößen dient eine kreiselstabilisierte Ebene im
Meßfahrzeug.

Bild 9.10.   Schematische Darstellung eines Gleismeßfahr-
zeugs vom Typ GMF 79.   Archiv Zieglgänsberger

10. Die Betriebsverhältnisse

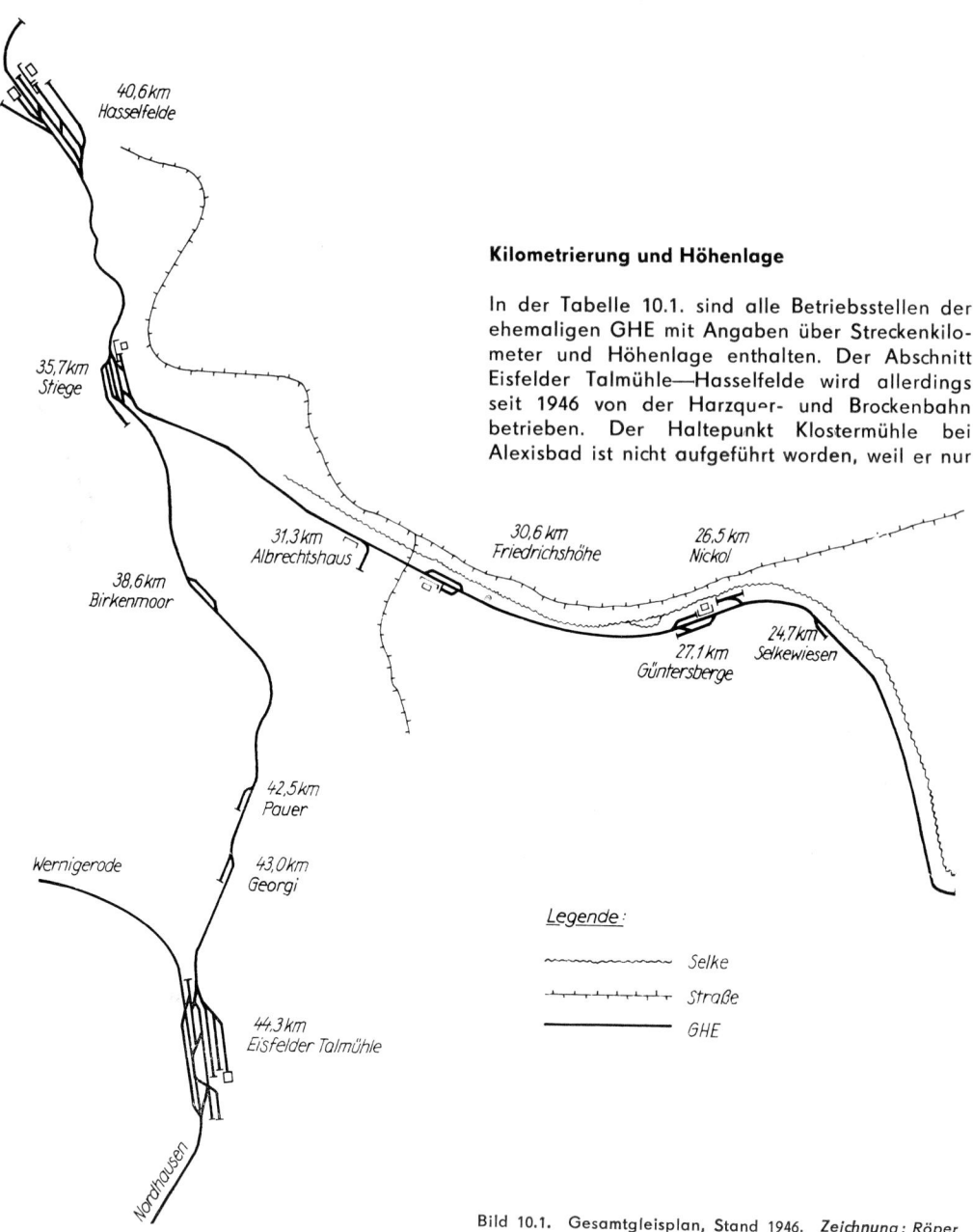

Kilometrierung und Höhenlage

In der Tabelle 10.1. sind alle Betriebsstellen der ehemaligen GHE mit Angaben über Streckenkilometer und Höhenlage enthalten. Der Abschnitt Eisfelder Talmühle—Hasselfelde wird allerdings seit 1946 von der Harzquer- und Brockenbahn betrieben. Der Haltepunkt Klostermühle bei Alexisbad ist nicht aufgeführt worden, weil er nur

40,6km
Hasselfelde

35,7km
Stiege

31,3km
Albrechtshaus

30,6 km
Friedrichshöhe

26,5 km
Nickol

38,6km
Birkenmoor

27,1 km
Güntersberge

24,7km
Selkewiesen

42,5km
Pauer

Wernigerode

43,0km
Georgi

Legende:

⌇⌇⌇⌇⌇⌇ Selke

⊢⊢⊢⊢⊢⊢ Straße

───── GHE

44,3km
Eisfelder Talmühle

Nordhausen

Bild 10.1. Gesamtgleisplan, Stand 1946. *Zeichnung: Röper*

bis 1893 bestanden hat. Der Haltepunkt Osterteich wurde nach 1984 wieder in Betrieb genommen. Der Haltepunkt Unterberg ist bis 1978 in
Betrieb gewesen.

Das Streckenprofil

Es weist drei herausragende Höhen auf
(Bild 10.2.). Die erste ist im Zusammenhang mit
der Überwindung des Ramberges entstanden. Sie
erreicht bei Kilometer 7,0 im Bahnhof Ramberg
mit 413 m ihren Scheitelwert. Um die im Selketal
liegenden Orte einbeziehen zu können, war die
starke Neigung nach Mägdesprung nötig. Danach
führt die Strecke mit mäßiger Neigung das Selketal hinauf bis nach Stiege und erreicht damit die
Hochfläche des Harzes. Der höchste Punkt, den
die Bahn erklimmen muß, wird von der Wasserscheide Behre-Hassel gebildet. In Alexisbad
zweigt ein Gleis nach Harzgerode ab. Um jedoch
aus dem Selketal auf die höher gelegene Fläche

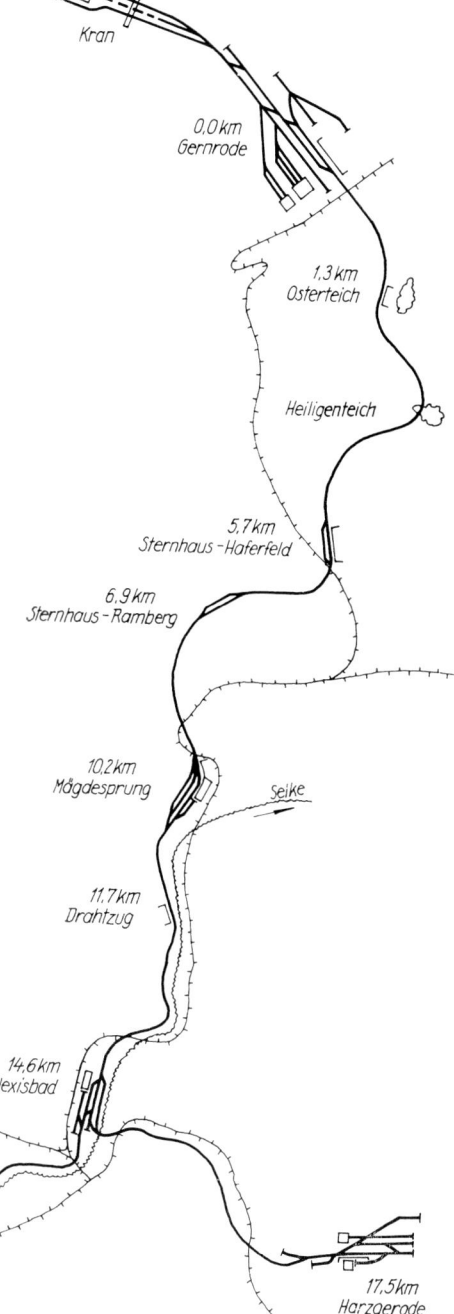

Tabelle 10.1. Kilometrierung und Höhenlage (Stand 1940)

Betriebsstelle	Strecken-kilometer	Höhe über NN in m
Gernrode	0,0	204
Osterteich	1,5	211
Sternhaus-Haferfeld	5,7	381
Sternhaus-Ramberg	7,0	413
Mägdesprung	10,2	295
Drahtzug	11,7	298
Alexisbad	14,6	325
Harzgerode	17,5	400
Silberhütte	17,8	335
Straßberg (Lindenberg)	21,9	363
Güntersberge	27,1	420
Friedrichshöhe	30,6	454
Albrechtshaus	31,3	467
Stiege	35,7	485
Hasselfelde	40,6	452
Birkenmoor	38,6	520
Unterberg	43,0	385
Eisfelder Talmühle	44,3	352
Betriebslänge	52,1	
Länge aller Gleise	59,8	

trieblichen Einschränkungen, die sich aus den Neigungsverhältnissen mit maximal 40 $^0/_{00}$ (1:25) ergaben, besonders zu berücksichtigen. In dieser Hinsicht mußte vor allem bei der Anlage der Bahnhöfe fast in jedem Fall ein Kompromiß eingegangen werden, und zwar zwischen Bau- und Kostenaufwand bei der Herstellung einer genügend großen Ebene und ihrer vom Gesetzgeber noch zugelassenen Neigung. Sie beträgt für Schmalspurbahnhöfe 2,5 $^0/_{00}$. Die Tabelle 10.2. gibt einen Überblick über die Neigungsverhältnisse an den Bahnhöfen.

Die dargelegten natürlichen Gegebenheiten und technischen Erfordernisse zogen zwangsläufig bestimmte Fahrdienstvorschriften nach sich. So betrug die maximal zugelassene Geschwindigkeit bei der GHE 30 km/h. Nur auf dem Abschnitt Stiege—Hasselfelde war die Höchstgeschwindigkeit für Dampfzüge auf 25 km/h beschränkt. Dagegen durfte der Triebwagen hier ebenfalls 30 km/h fahren.

Das Nachschieben von aus Gernrode kommenden Personenzügen ab Stiege in Richtung Eisfelder Talmühle war bis zum Kilometer 38,6 gestattet. Die unbesetzten Betriebsstellen Sternhaus-Haferfeld und Sternhaus-Ramberg sowie die besetzte

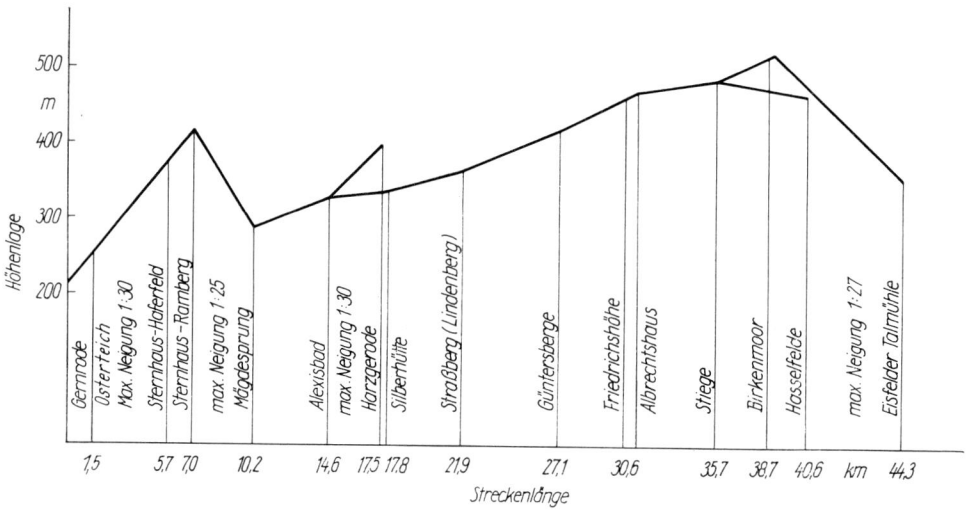

Bild 10.2. Streckenprofil.

von Harzgerode zu gelangen, muß eine größere Neigung bezwungen werden.
Entsprechend dem Charakter der GHE als Gebirgsbahn waren bei der Projektierung die be-

Betriebsstelle Bahnhof Friedrichshöhe waren mit Trapeztafeln ausgestattet und galten als abhängige Zugmeldestellen. Bis auf die Haltepunkte Albrechtshaus, Birkenmoor, Drahtzug, Osterteich

Bild 10.5.
Unfall infolge nicht ange-
schlossener Bremsen beim
Rangieren unterhalb des
Bahnhofs Harzgerode im
Jahre 1977.
Foto: Frenzel

Tabelle 10.2.   Neigungsverhältnisse an Betriebsstellen
der GHE[1])

Bahnhof	in Richtung	Gefälle am Ende der Betriebs- stelle in $^0/_{00}$	Brem- sen $^0/_0$
Sternhaus-Haferfeld	Gernrode	33,3	41
Sternhaus-Ramberg	Gernrode	33,3	47
Sternhaus-Ramberg	Mägdesprung	33,3	47
Alexisbad	Mägdesprung	6,2	9
Harzgerode	Alexisbad	25,0	29
Straßberg	Silberhütte	6,0	9
Güntersberge	Straßberg	8,0	10
Friedrichshöhe	Güntersberge	14,3	19
Albrechtshaus	Friedrichshöhe	21,3	26
Eisfelder Talmühle	Nordhausen	23,3	41

[1]) Die letze Spalte enthält die Zahl der festzulegenden Handbremsachsen. Die Bremsen schwerbeladener Wagen sind gegenüber anderen vorzugsweise zu benutzen. Bei einem vollständig unbeladenen Güterwagen wird die Achse als halbe Achse berechnet. Die Achsen der übrigen Fahrzeuge sind voll zu rechnen.

und Unterberg konnten Züge auf allen Bahnhöfen und Betriebsstellen kreuzen. Diese Bahnhöfe und Betriebsstellen waren mit dem Signal Ve 1 (Dekkungsscheibe drehbar) versehen. Zur Zeit führen außer Sternhaus-Ramberg und Friedrichshöhe alle Bahnhöfe Trapeztafeln. Die Bahnhöfe Mägdesprung und Silberhütte sind ständig, der Bahnhof Straßberg ist nur zeitweilig unbesetzt.

Bild 10.3. ist die Fotokopie einer Seite aus der Sammlung betrieblicher Vorschriften der GHE aus dem Jahre 1940. Die Übersicht gibt einen vorzüglichen Einblick in die Leistungsfähigkeit der Bahn zu jener Zeit. Bild 10.4. soll die Bremsverhältnisse verdeutlichen. Wie schnell auch heute noch eine Mißachtung dieser Erfahrungswerte bestraft werden kann, zeigt ein Vorkommnis im Jahre 1977: Bei Rangierarbeiten auf dem Bahnhof Harzgerode geriet die 12 Achsen starke Rangiergruppe zu weit an die Neigung nach Alexisbad, die unmittelbar an der Bahnhofsgrenze auf der freien Strecke in 30 $^0/_{00}$ übergeht. Die nicht an die Bremsleitung angeschlossenen Wagen schoben die vierachsige Mallet-Lokomotive kurzerhand mit steigender Geschwindigkeit den Berg hinunter. In einer Krümmung entgleisten dann die Lokomotive und zwei Wagen.
Nach dem Wiederaufbau der Strecke Stiege—Straßberg durfte hier eine maximale Geschwindigkeit von 40 km/h gefahren werden. Auch wurden auf dieser Strecke der Personen- und Güterverkehr voneinander getrennt. Rollwagengüterzüge verkehren mit einer zugelassenen Wagenzugmasse von 130 t. Das entspricht etwa der Masse von fünf leeren regelspurigen zweiachsigen Güterwagen oder von drei beladenen Wagen bergwärts.
Da alle Lokomotiven, auch die Mallets, mit Funkgeräten ausgerüstet wurden, kann jetzt der Zugverkehr über Funk von den Zugleitstellen aus überwacht werden.

133

Achsenzahl und Bremsverhältnisse auf Strecken mit Neigungen von mehr als 25 %₀ (1 : 40)

Nr 62
zu § 90 (1)

Die für die Bremsberechnung maßgebende Neigung der einzelnen Strecken, die erforderlichen Bremshundertstel, die höchst zulässige Achsenzahl und die Leistungsfähigkeit der Lokomotivgattungen sind in der nachstehenden Übersicht angegeben.

Bild 10.3.
Brems-
verhältnisse.
Quelle:
Sammlung
betrieblicher
Vorschriften
der GHE,
Ausgabe 1940

1	2	3				4	5		
Strecke	Neigung %₀	An Bremshundertstel sind erforderlich bei einer Geschwindigkeit km/h				Höchstzulässige Achsenzahl	Höchstzulässige Zugbelastung für		
		15	20	25	30		³/₃ gek. Tend.-Lok. t	Lok. 20 t	Lok. 21 u 22 t
a) Richtung Gernrode (Harz) — Haffelfelde Eisfelder Talmühle Harzgerode									
Sternhaus-Ramberg — Mägdesprung . .	40	43	47	53	60	40	48	95	140
Alexisbad — Silberhütte (Anh) .	33	37	41	46	53	40	70	140	210
Stiege — Eisfelder Talmühle .	40	43	47	53	60	40	70	134	167
b) Richtung Eisfelder Talmühle Haffelfelde — Gernrode Harzgerode									
Lindenberg (Harz) — Silberhütte (Anh) .	30	31	35	40	46	60	100	160	235
Silberhütte (Anh) — Alexisbad	33	37	41	46	53	40	70	160	210
Alexisbad — Mägdesprung . . .	30	31	35	40	46	60	100	160	235
Sternhaus-Ramberg — Gernrode (Harz) . .	33	37	41	46	53	40	90	120	210
Harzgerode — Alexisbad	33	37	41	46	53	40	90	120	210

Gernrode-Harzgeroder Eisenbahn

(Im Az v FB aufzubewahren)

Übersicht

der Neigungen, Steigungen, Fahrzeiten, höchstzulässigen Achsenzahl, erforderlichen Bremshundertstel, höchstzulässigen Zugbelastung u. der zugelassenen kürzesten Fahrzeiten

Bild 10.4. Streckenneigungsverhältnisse. Quelle: Sammlung betrieblicher Vorschriften der GHE, Ausgabe 1940

Strecke	von km	bis km	Auf eine Länge von km	Neigung °/oo	Steigung °/oo	Fahrzeiten bei Stundengeschw. 20	25	30	Höchstzul. Achsenzahl	Bremshundertstel 20	25	30	Höchstzul. Zugbelastung 3/3 gek. Tender Lot t	Lot 20 t	Lot 21/22 t	Kürzeste Fahrzeit Dampfzüge	Triebwagen
Gr-Sa—Rbg	0.0	7.0	7.0		35	21.0	16.8	14.0	40	41	46	53	48	95	140	16.8	14.0
Sa—Rbg-Gr	7.0	0.0		35									90	120	210		
Sa—Rbg-M	7.0	10.2	3.2		40	9.6	7.7	6.4	40	47	53	60	48	95	140	7.7	6.4
M-Sa—Rbg	10.2	7.0		40									48	95	120		
M - A	10.2	14.6	4.4		30	13.2	10.6	8.8	50	35	40	46	70	140	240	10.6	8.8
A - M	14.6	10.2		30									100	160	235		
A - H	14.6	17.5	2.9		35	8.7	7.0	5.8	40	41	46	53	48	95	140	7.0	5.8
H - A	17.5	14.6		35									90	120	210		
A - Sil	14.6	17.8	3.2		35	9.6	7.7	6.4	40	41	46	53	70	140	210	7.7	6.4
Sil - A	17.8	14.6		35									70	160	210		
Sil - L	17.8	21.9	4.1		30	12.3	9.8	8.2	60	35	40	46	80	140	240	8.2	8.2
L - Sil	21.9	17.8		30									100	160	235		
L - Fl	21.9	22.7	0.8		25	2.4	1.9	1.6	60	29	33	39	80	140	240	1.6	1.6
Fl - L	22.7	21.9		25									100	160	240		
Fl - Gü	22.7	27.1	4.4		25	13.2	10.6	8.8	60	29	33	39	80	140	240	8.8	8.8
Gü - Fl	27.1	22.7		25									100	160	240		
Gü - F	27.1	30.6	3.5		25	10.5	8.4	7.0	60	29	33	39	80	140	240	7.0	7.0
F - Gü	30.6	27.1		25									100	160	240		
F - Albr	30.6	31.3	0.7		25	2.1	1.7	1.4	60	29	33	39	75	140	240	1.4	1.4
Albr - F	31.3	30.6		25									80	160	240		
Albr - St	31.3	35.7	4.4		25	13.2	10.6	8.8	60	29	33	39	75	140	240	8.8	8.8
St - Albr	35.7	31.3		25									80	160	240		
St - Bi	35.7	38.6	2.9		16	8.7	7.0	5.8	40	19	22	27	70	134	167	7.0	5.8
Bi - St	38.6	35.7		16									48	95	140		
Bi - Em	38.6	44.3	5.7		40	17.1	13.7	11.4	40	47	53	60	70	134	167	13.7	11.4
Em - Bi	44.3	38.6		40									48	95	140		
St - Hd	35.7	40.6	4.9		25	14.7	11.8	9.8	40	29	33	39	75	—	—	14.7	11.8
Hd - St	40.6	35.7		25									80				

*) Bei nassem Wetter verringert sich die höchstzulässige Zugbelastung um 20%

11. Die Betriebs- und Anschlußstellen

In diesem Kapitel werden alle Betriebs- und Anschlußstellen der GHE beschrieben, die bis 1946 genutzt wurden. Auf diejenigen Einrichtungen, die heute nicht mehr in Betrieb bzw. in anderer Form neu entstanden sind, wird in jedem Falle gesondert hingewiesen.

Bahnhof Gernrode (Bild 11.1.)
Gernrode ist Ausgangspunkt der schmalspurigen GHE (Selketalbahn) und Anschlußbahnhof für die Regelspurstrecke Frose—Ballenstedt—Qued-

schlag zwischen Regel- und Schmalspurwagen wird heute mit Krananlagen realisiert.
Auf dem Bahnhofsgelände von Gernrode befinden sich ein Lokomotivschuppen mit vier Ständen, ein Triebwagenschuppen, ein Wasserkran und ein Kohlenbansen. Gegenwärtig sind hier alle Lokomotiven (Einsatzstelle des Bahnbetriebswerks Wernigerode) und ein Rottenkraftwagen stationiert, für den man 1987 einen Schuppen erbaute. Ferner ist der ehemalige Triebwagen T1 an diesem Ort abgestellt.

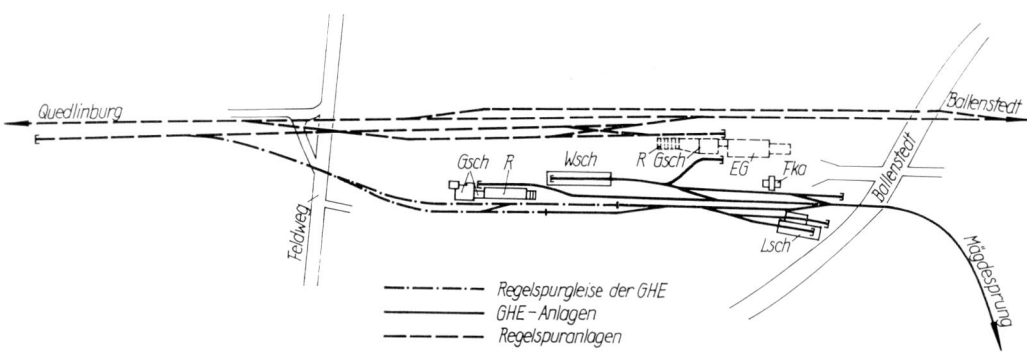

Bild 11.1. Bahnhof Gernrode.   *Quelle: Zeitschrift für das gesamte Local- und Straßenbahnwesen, 1887/88*

linburg. Charakteristisch sind daher die Verbindungsgleise zwischen beiden Systemen. Beim Bau des Bahnhofs hatte man ursprünglich eine Anlage zum Aufbocken der regelspurigen Wagen auf schmalspurige Rollböcke, die man damals „Trucks" nannte, errichtet. Diese Anlage ist wohl vor allem wegen der Unmöglichkeit, diese Wagen durch die Felsenengen zu transportieren, bald wieder abgebaut worden. Dagegen gibt es gegenwärtig eine Aufrollrampe für Schmalspurwagen zum Transport auf Regelspurwagen. Der Um-

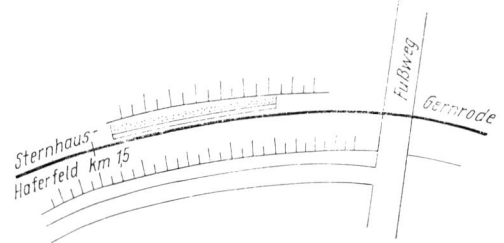

Bild 11.2. Haltepunkt Osterteich.   *Zeichnung: Röper*

Haltepunkt Osterteich (Bild 11.2.)
Dieser unbesetzte Haltepunkt hatte seinen Standort am Kilometer 1,3. Außer einem kurzen Bahnsteig gab es hier keine bahntechnischen Anlagen. Züge hielten nur nach Bedarf. Der Haltepunkt ist 1946 aufgelöst, aber 1984 200 m weiter aufwärts (Kilometer 1,5) wieder eingerichtet worden.

Betriebsstelle Sternhaus-Haferfeld (Bild 11.3.)
Die unbesetzte Betriebsstelle liegt am Kilometer 5,7. Gleis 1 ist als durchgehendes Hauptgleis

Beide Weichen sind in Grundstellung verschlossen. Gleis 2 ist Kreuzungs- und Freiladegleis, bei einer Nutzlänge von 102 m insgesamt 170 m lang und in beiden Richtungen durch Gleissperren gesichert. Die Betriebsstelle hatte einen Dienstfernsprechanschluß. Für die Bedienung gelten die gleichen Bedingungen wie in Sternhaus-Haferfeld. Hinzu kommt jedoch, daß Sternhaus-Ramberg eine abhängige Zugmeldestelle ist, d. h., bei Ankunft des Zuges hat von der Sprechstelle Sternhaus-Ramberg aus eine telefonische Mel-

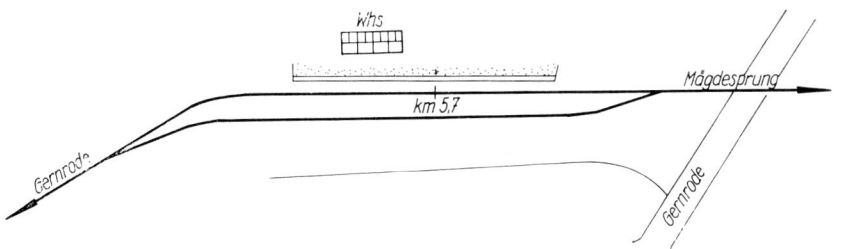

Bild 11.3.
Betriebsstelle
Sternhaus-Haferfeld.
Quelle: BBA

Ein- und Ausfahrgleis. Beide Weichen sind in Grundstellung verschlossen. Gleis 2 ist Kreuzungs- und Freiladegleis, 119,5 m lang und in beiden Richtungen durch Gleissperren gesichert.
Die Betriebsstelle wird vom Personal der Regelzüge in Verantwortung des Zugführers bedient. Weichen und Sperren sind schlüsselabhängig gesichert. Die Schlüssel übergibt der Fahrdienstleiter in Gernrode bzw. Mägdesprung gegen Quittung. Die Betriebsstelle Sternhaus-Haferfeld ist mit Trapeztafeln ausgerüstet; es dürfen nur im Fahrplan festgelegte Zugkreuzungen stattfinden.
Die Betriebsstelle dient z. Z. als Haltestelle ohne bahntechnische Anlagen (nur ein durchgehendes Gleis).

Betriebsstelle Sternhaus-Ramberg (Bild 11.4.)
Diese unbesetzte Betriebsstelle liegt bei Kilometer 6,9 auf dem Brechpunkt des Streckenabschnittes Gernrode–Mägdesprung. Gleis 1 ist als durchgehendes Hauptgleis Ein- und Ausfahrgleis.

dung auf dem Bahnhof Gernrode bzw. Mägdesprung zu erfolgen, der dann die Abfahrtzeiten genehmigt.
Wenn ein von Mägdesprung kommender Zug die Steigung nach Sternhaus-Ramberg nicht bewältigen konnte, wurde der erste Zugteil in Sternhaus-Ramberg auf Gleis 2 unter Bewachung abgestellt. Zurück nach Mägdesprung bewegte sich die Lokomotive in der Sperrfahrt für den Streckenabschnitt Gernrode–Mägdesprung. Die Betriebsstelle besteht mit diesen Gleisanlagen noch heute, telefonische Meldungen entfallen nach Aufnahme des Zugleitfunks.

Bahnhof Mägdesprung (Bild 11.5.)
Der Bahnhof Mägdesprung liegt am Kilometer 10,2. Hier sind Kreuzungen und Überholungen möglich. Auch ein Freiladegleis ist vorhanden. Ein zweites Überholgleis diente zum Abstellen geteilter Güterzüge. Der Bahnhof ist seit 1968 unbesetzt.

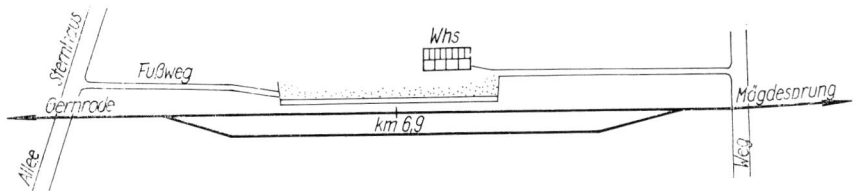

Bild 11.4.
Betriebsstelle
Sternhaus-
Ramberg.
Quelle: BBA

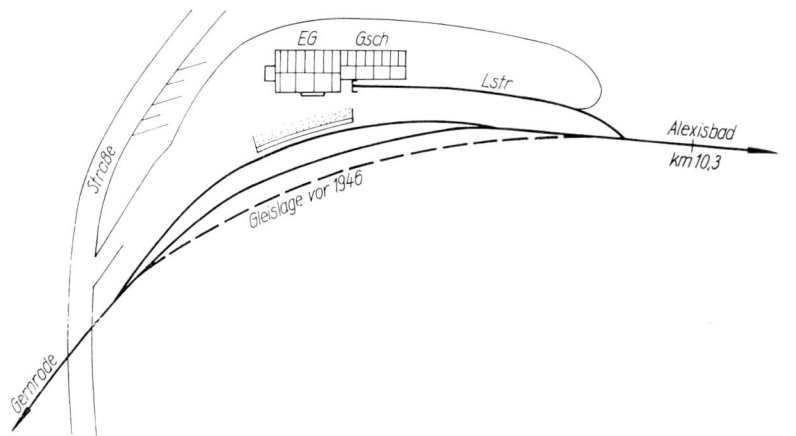

Haltepunkt Drahtzug (Bild 11.6.)
Dieser unbesetzte Haltepunkt ist am Kilometer 11,7 eingerichtet worden. Außer einem kurzen Bahnsteig gibt es keine bahntechnischen Anlagen. Der Haltepunkt ist noch in Betrieb.

Bahnhof Alexisbad (Bild 11.7.)
Der Bahnhof Alexisbad liegt am Kilometer 14,6 und ist als Abzweigbahnhof nach Gernrode die bedeutendste Betriebsstelle der Selketalbahn.

Bild 11.6. Haltepunkt Drahtzug.   *Zeichnung: Röper*

Hier vereinigen sich drei Streckenteile. Deshalb sind auch drei Bahnsteige vorhanden und drei Einfahrten möglich. Die von Harzgerode und von Straßberg kommenden Züge werden in Alexisbad bisweilen zu einem Zug vereint und von beiden Zuglokomotiven im Vorspann nach Gernrode übergeführt.
Es gibt einen Kohlenbansen, zwei Wasserkräne, eine Seitenrampe und ein Freiladegleis. Von 1891 bis etwa 1905 stand hier auch ein Lokomotivschuppen. Der Bahnhof ist in Betrieb.

Bahnhof Harzgerode (Bild 11.8.)
Der ursprüngliche Endbahnhof der GHE liegt am Kilometer 17,5 und verfügte über einen einständigen Lokomotivschuppen sowie eine Drehscheibe. Die Drehscheibe ist vermutlich zwischen 1905 und 1908 ausgebaut, der Lokomotivschuppen ist 1971 abgetragen worden.
Auf dem Bahnhof sind ein Bahnsteiggleis, ein

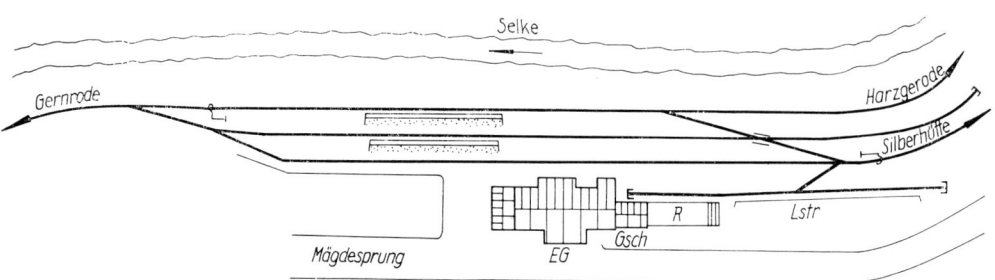

Bild 11.7. Bahnhof Alexisbad.   *Zeichnung: Röper*

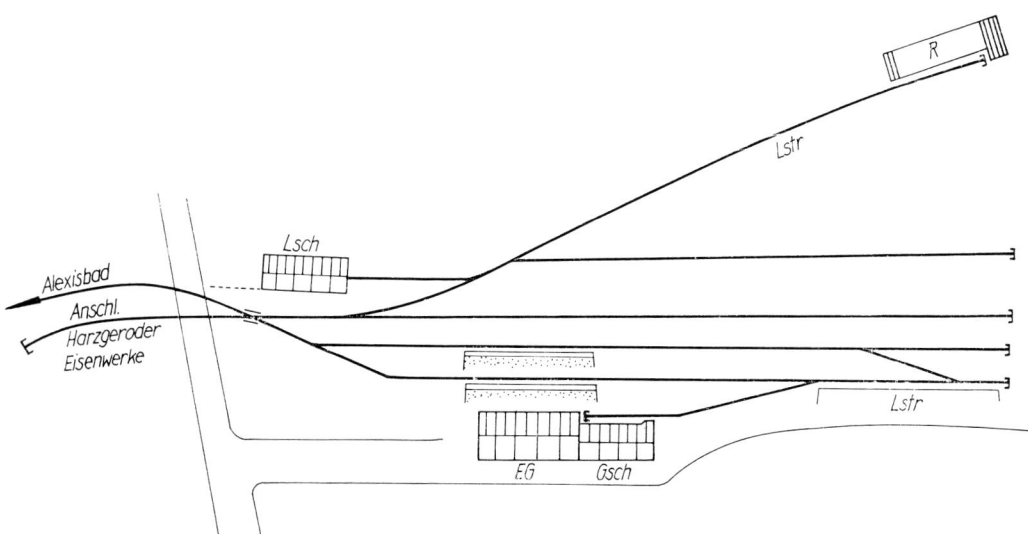

Bild 11.8. Bahnhof Harzgerode mit Anschluß Eisenwerke.   *Zeichnung: Röper*

Umfahrgleis sowie zwei lange Freiladegleise und eine Seitenrampe angelegt worden. Seit 1986 werden die Gleisanlagen umgebaut, um den geplanten Rollwagengüterverkehr bis Harzgerode ausdehnen zu können.

Anschlußstelle Harzgeroder Eisenwerke (Bild 11.8.)
Das Anschlußgleis zweigte bei der Ausfahrt Bahnhof Harzgerode von einer Weiche ab. Das Gleis war 165,2 m lang. Das Anschlußgleis wurde durch Verschluß der o. g. Weiche und einen Gleissperrbaum gesichert. Die Schlüssel zur Weiche und zum Sperrbaum hatten am Schlüsselbrett im Fahrdienstleiterraum ihren Aufbewahrungsort. Die Anschlußstelle wurde durch Rangierfahrten bedient. Das Gleis ist heute nicht mehr vorhanden.

Anschlußstelle Ziegelei Harzgerode (Bild 11.9.)
Das Anschlußgleis zweigt bei Kilometer 17,2 vom durchgehenden Hauptgleis ab, ist 97 m lang und hat eine Nutzlänge von 70,3 m. Die Anlage besteht aus der Anschlußweiche, der Gleissperre und dem Stumpfgleis.
Zwischen Weiche und Gleissperre besteht Schlüsselabhängigkeit. Der Schlüssel befindet sich im Fahrdienstleiterraum. Die Anlage wird als Sperrfahrt bedient. Zur Zeit ruht der Betrieb auf der Anschlußstelle.

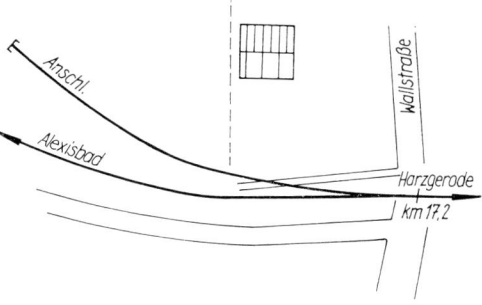

Bild 11.9. Anschlußstelle Ziegelei Harzgerode. *Quelle: BBA*

Bahnhof Silberhütte (Bild 11.10.)
Der Bahnhof Silberhütte liegt am Kilometer 17,4, ist Zugmeldestelle und besitzt ein Überholungs- bzw. Kreuzungsgleis. Seit 1959 ist der Bahnhof unbesetzt.

Anschluß Pyrotechnische Fabrik J. F. Eisfeld (heute VEB Pyrotechnik) (Bild 11.10.)
Die Anschlußstelle zweigte aus dem Hauptgleis 1 an der Weiche 3 bei Kilometer 17,7 ab. Sie bestand aus den Gleisen 3 und 4 mit den Weichen 5 und 6 und der vor der Weiche 5 liegenden Gleissperre. Bedient wurde die Anlage durch

139

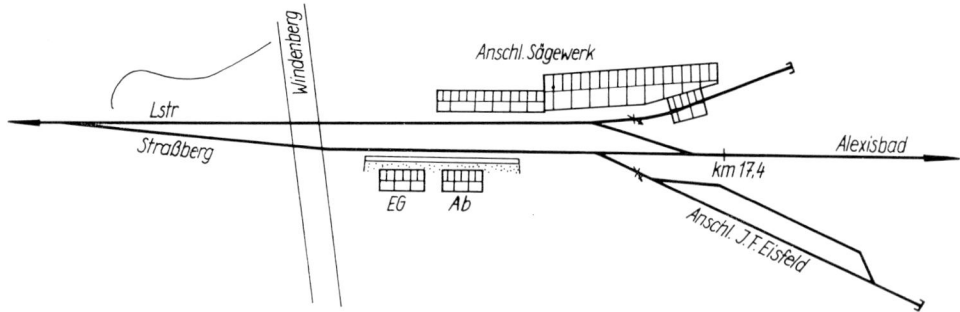

Bild 11.10. Bahnhof Silberhütte mit Anschluß Sägewerk Nickol sowie Pyrotechnische Fabrik J. F. Eisfeld. *Quelle: BBA*

Rangierfahrten unter Aufsicht des Fahrdienstleiters. Der Anschluß ist abgebaut.

Anschluß Heizwerk VEB Pyrotechnik Silberhütte (Bild 11.11.)
Nach dem Aufbau des neuen Kohleheizwerkes wurden auch die Gleisanlagen des Bahnhofes Silberhütte erneuert und umgebaut. So entstanden am Kilometer 17,6 ein neues Ladegleis mit Rampe und Schutzweiche für das Sägewerk Rinkemühle, Werk II, sowie der neue Anschluß zum Heizwerk mit Umfahrgleis und Schutzweiche. Im Bahnhof Silberhütte wurden Rückfallweichen eingebaut. Im Anschluß Heizwerk können Lokomotiven Wasser nehmen.

Erzbahn Silberhütte-Neudorf (Bilder 11.12. bis 11.14.)
Sie steht zwar nicht im Zusammenhang mit der

GHE und mit dem Bahnhof Silberhütte, soll aber hier mit erwähnt werden. Die Erzbahn Silberhütte-Neudorf ist von 1886 bis 1887 mit 750 mm Spurweite gebaut worden. Zum Betriebspark gehörten eine Lokomotive von Krauss, München, mit der Fabriknummer 2192, 18 Kipploren mit je 2,5 t Tragfähigkeit sowie sieben Wagen mit Bänken und Holzaufbauten für den Werk-Personenverkehr. Die 4,5 km lange Bahn bestand bis 1909. Sie endete in Silberhütte am oberen Abbruch zum Selketal. Der steile Südhang des Tales selbst (Bremsberg) wurde mit einer Standseilbahn überwunden, deren beide Wagen über eine umlaufende Antriebshaspel miteinander verbunden waren. Sie nahmen die Erzloren Huckepack.

Anschlußstelle Rinkemühle I (Bild 11.15.)
Das Anschlußgleis zur Faßfabrik Rinkemühle I zweigt bei Kilometer 18,4 vom Streckengleis Sil-

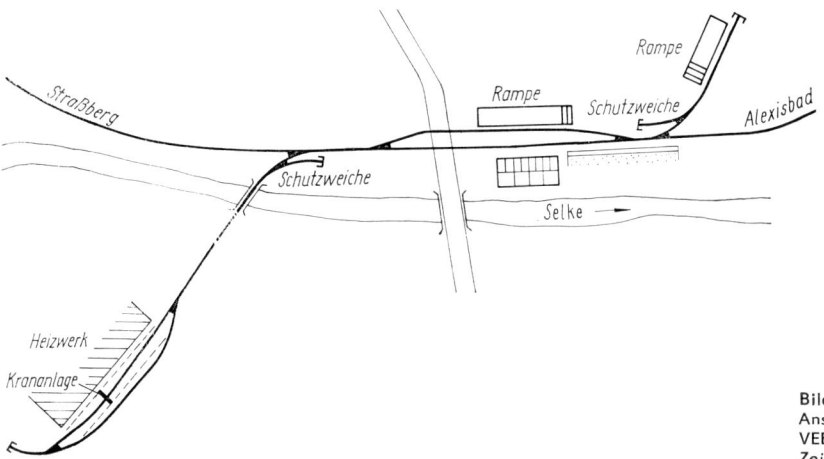

Bild 11.11.
Anschluß Heizwerk
VEB Pyrotechnik Silberhütte.
Zeichnung: Röper

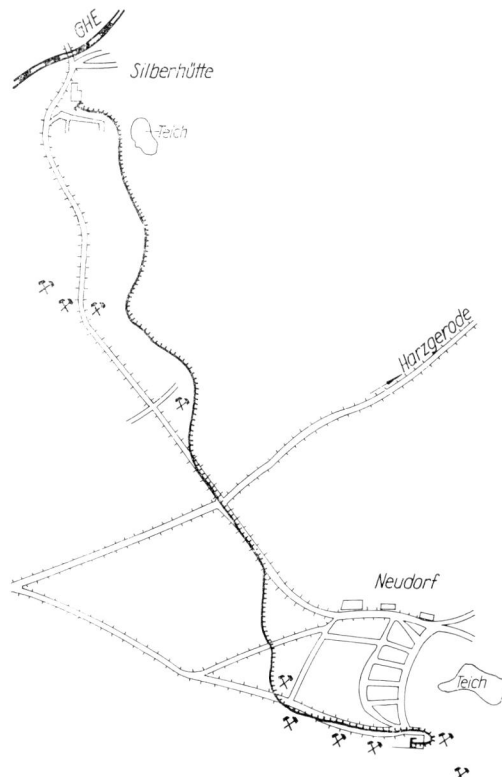

Bild 11.12. Lage der 750-mm-Erzbahn Silberhütte-Neudorf.
Sie hatte in Silberhütte keinen Anschluß zur GHE.
Quelle: Meßtischblatt

berhütte—Lindenberg ab. Es ist durch eine Gleissperre gesichert, 115 m lang und hat eine Nutzlänge von 80 m.

Der Anschluß wird durch Regelzüge aus beiden Richtungen oder durch Sperrfahrten von Silberhütte aus bedient. Die Schlüssel für die Weiche und die Gleissperre befanden sich beim Fahrdienstleiter in Silberhütte und Lindenberg.

Beim Passieren der Wegübergänge war Schrittgeschwindigkeit erforderlich. Dabei mußte ein Eisenbahner an der Spitze des geschobenen Zuges mit der Handglocke läuten.

Die Anlage ist noch in Betrieb. Sie wurde 1984 erneuert, wobei man das Ladegleis verlängerte und eine Schutzweiche einbaute.

Bahnhof Lindenberg (Straßberg) (Bild 11.16.)

Der Bahnhof Lindenberg liegt am Kilometer 21,9.

Es gibt hier ein Kreuzungs- bzw. Überholgleis und ein Freiladegleis mit einem Stumpfgleis zum Güterschuppen (Seitenrampe). Der Bahnhof ist Zugmeldestelle.

Von 1946 bis 1983 war Lindenberg (1952 in Straßberg umbenannt) Endbahnhof der Selketalbahn. In einem Schuppen seitlich der Gleise hatte man einen Gleiskraftwagen untergestellt. Zum Umsetzen der Lokomotiven dient das Kreuzungsgleis. Wegen der in der Nähe befindlichen Flußspatgrube hat die Eisenbahn ein beachtliches Güteraufkommen zu bewältigen. (Siehe auch Kapitel 4.)

Anschlußstelle Fluor (Bild 11.17.)

Die Anschlußstelle Fluor war am Kilometer 22,66 eingerichtet worden. Das Anschlußgleis hatte 62 m Nutzlänge und war durch zwei Gleissperren gesichert.

Ursprünglich diente der Anschluß als Schüttstelle. Von Pferden gezogene Feldbahnloren wurden über eine Schüttrampe in die Güterwagen entleert. Die Anlage ist außer Betrieb gestellt und abgebaut worden.

Anschlußstelle Herzogschacht (Bild 11.18.)

Das Anschlußgleis zur Flußspatgrube Herzogschacht zweigte bei Kilometer 22,92 vom Streckengleis ab. Es wurde 1944 gebaut, war 1,5 km lang und durch eine Gleissperre gesichert. Das Anschlußgleis wurde durch die von Lindenberg nach Güntersberge fahrenden Güterzüge oder durch Sperrfahrten von Lindenberg aus bedient. Da es fast durchweg in einer Neigung von 1:25 angelegt worden war, mußten die zu beladenden Wagen von der Lokomotive in den Anschluß geschoben werden. Als Höchstgeschwindigkeit hatte man 10 km/h festgelegt. Die beladenen Schmalspurgüterwagen wurden gezogen.

Nach 1946 wurde der Anschluß nur noch von Straßberg aus bedient. Das Gleis in Richtung Güntersberge lag noch bis zur Selkebrücke, so daß hier eine Art Spitzkehre entstanden war. Seit 1974 ist die Anlage nicht mehr in Betrieb und wurde inzwischen abgebaut. Der Flußspat wird heute mit Lkw zum Bahnhof Straßberg gebracht und hier in Regelspurwagen verladen.

Verladestelle Selkewiesen (Bild 11.19.)

Das Anschlußgleis zur Holzverladestelle Selkewiesen zweigte am Kilometer 24,6 vom Streckengleis ab und wurde nur von den in Richtung Güntersberge verkehrenden Regelzügen bedient. Das

Bild 11.13. Neudorfer Schacht mit Erzbahn.   *Sammlung Frenzel*

Bild 11.14.
Lokomotive
der Erzbahn
Silberhütte-Neudorf.
Sammlung Frenzel

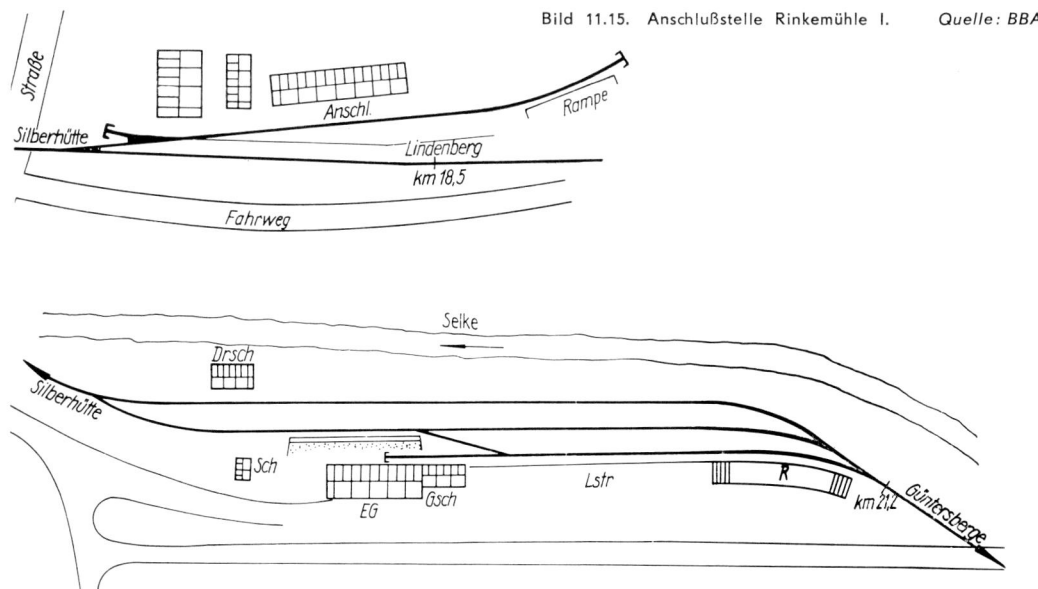

Bild 11.15. Anschlußstelle Rinkemühle I.   *Quelle: BBA*

Bild 11.16. Bahnhof Lindenberg (Straßberg).   *Zeichnung: Röper*

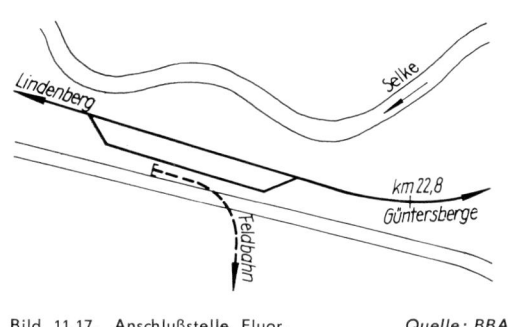

Bild 11.17. Anschlußstelle Fluor.   *Quelle: BBA*

Ladegleis war 69 m lang. Die Anlage bestand aus einer Rechtsweiche und einer Gleissperre, die schlüsselabhängig waren. Die Schlüssel für Weiche und Gleissperre lagen in Lindenberg. Sie kamen jeweils von Güntersberge aus mit dem nächsten Zug als Einschreibesendung nach Lindenberg zurück.

Die Anlage ist seit 1946 außer Betrieb und abgebaut worden.

Anschlußstelle Nickol (Bild 11.20.)

Das Anschlußgleis zum Holzverarbeitungswerk (Zellstoffabrik) Nickol in Güntersberge zweigte am Kilometer 26,53 vom Streckengleis ab. Es lag in einer Neigung von 37 $^0/_{00}$ und hatte eine Gesamtlänge von 298 m bei 231 m Nutzlänge. Eine Gleissperre gab es nicht. Der Weichenschlüssel befand sich beim Bahnhof Güntersberge. Die Bedienung erfolgte durch Sperrfahrten von Güntersberge aus. Die zulässige Höchstgeschwindigkeit betrug 10 km/h.

War die Steigung überwunden, mußten die Wagen auf der Horizontalen hinter der Haltetafel für Lokomotiven abgestellt werden. Es waren Radvorleger zu benutzen und die Handbremsen anzuziehen.

Diese Anschlußstelle war bis 1946 in Betrieb und ist danach abgebaut worden.

Bahnhof Güntersberge (Bild 11.21.)

Der Bahnhof Güntersberge liegt am Kilometer 27,1. Bis zum Weiterbau der GHE ins braunschweigische Hoheitsgebiet hinein war Güntersberge Endbahnhof. Aus dieser Zeit stammten noch der an das Kreuzungsgleis angeschlossene

143

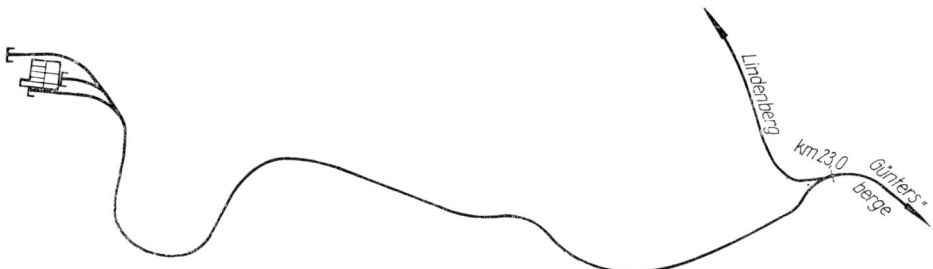

Bild 11.18. Anschlußstelle Herzogschacht.

Quelle: BBA

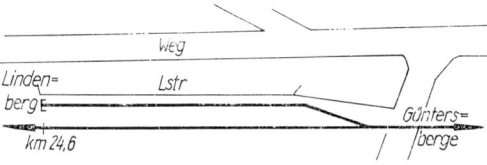

Bild 11.19. Verladestelle Selkewiesen.   *Quelle: BBA*

Bahnsteig eingerichtet worden. Es ist geplant, erneut auch ein Ladegleis zu verlegen, allerdings nicht auf dem ehemaligen Bahnhofsgelände, das heute von einem Betrieb genutzt wird, sondern am Ortsausgang in Richtung Straßberg.

Bahnhof Friedrichshöhe (Bild 11.22.)

Den Bahnhof Friedrichshöhe hatte man am Kilo-

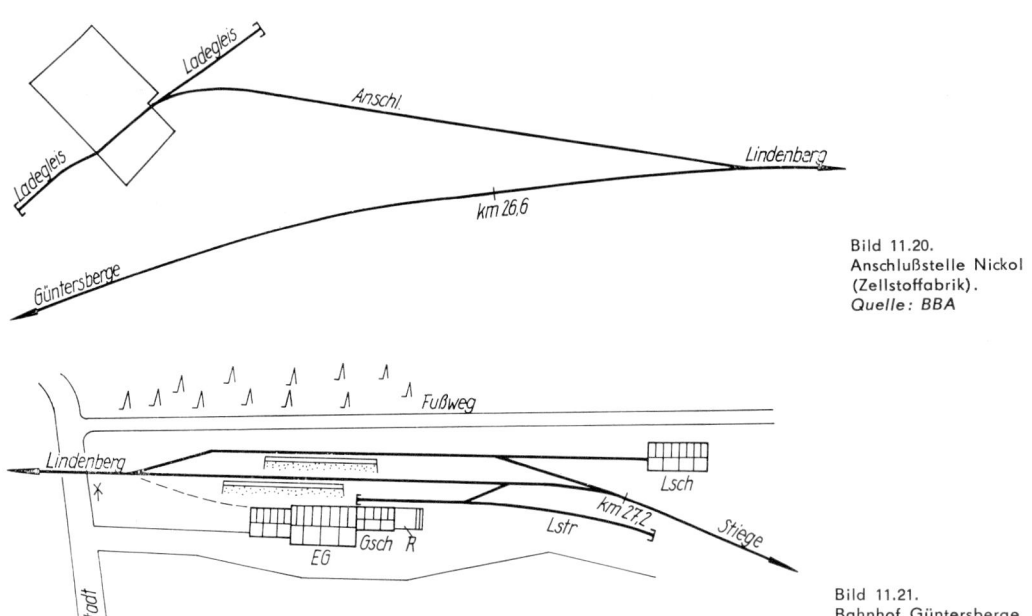

Bild 11.20.
Anschlußstelle Nickol
(Zellstoffabrik).
Quelle: BBA

Bild 11.21.
Bahnhof Güntersberge.
Zeichnung: Röper

einständige Lokomotivschuppen und der Wasserkran. Güntersberge war Sitz der Bahnmeisterei. Alle Anlagen sind 1946 abgebaut worden. Nach dem Wiederaufbau der Strecke ab 1984 ist Güntersberge als Haltepunkt wieder am früheren

meter 30,6 angelegt. Er war abhängige Zugmeldestelle und als solche den Bahnhöfen Stiege bzw. Güntersberge unterstellt. Das Zugmeldeverfahren entsprach dem von Sternhaus-Haferfeld und ist schon beschrieben worden. Der Bahnhof

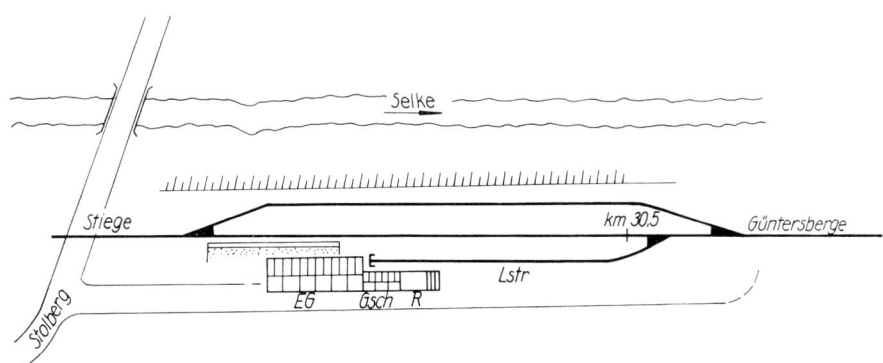

Bild 11.22.
Bahnhof
Friedrichshöhe.
Zeichnung:
Zieglgänsberger

verfügte über ein Kreuzungs- und ein zur Seitenrampe am Güterschuppen führendes Stumpfgleis.

Alle Anlagen sind 1946 abgebaut worden. Mit dem Wiederaufbau wurde 1983 begonnen. (Siehe auch Kapitel 4.)

Anschlußstelle Albrechtshaus (Bild 11.23.)
Das Anschlußgleis zur Heilstätte Albrechtshaus zweigte vom Streckengleis zwischen Friedrichshöhe und Stiege bei Kilometer 31,42 ab. Die Anlage bestand aus einer Anschlußweiche, drei Gleissperren und dem Stumpfgleis mit einer Länge von 180 m bei einer Nutzlänge von 63 m. Die Gleissperre I lag hinter der Anschlußweiche und stand mit dieser in Schlüsselabhängigkeit.

Die Schlüssel wurden im Bahnhof Friedrichshöhe und im Bahnhof Stiege aufbewahrt. Die Gleissperre II lag 20 m vor der Gleissperre III. Sie diente zur Sicherung der bei Platzmangel außerhalb des eigentlichen Abstellortes in der Neigung des Ladegleises bereitgestellten bzw. abgestellten Wagen.

Die Bedienung erfolgte durch die in Richtung Stiege verkehrenden Züge, in Ausnahmefällen durch Sperrfahrten. Es war nicht gestattet, von Stiege aus Wagen gleichzeitig zuzuführen und abzuholen.

Die Anschlußstelle war bis 1946 in Betrieb und soll in den nächsten Jahren wieder eingerichtet werden. Seit 1984 ist Albrechtshaus Haltepunkt für die Reisezüge.

Bahnhof Stiege (Bild 11.24.)
Bahnhof Stiege liegt am Kilometer 35,7. Er war Trennungsbahnhof des nach Eisfelder Talmühle abzweigenden Abschnittes der GHE. Die Gleisanlagen sind zur gleichzeitigen Abfertigung von drei Reisezügen eingerichtet.

Seit 1946 wird Stiege als Durchgangsbahnhof von der Harzquer- und Brockenbahn betrieben. Über die Situation nach dem Wiederaufbau im Jahre 1984 ist im Kapitel 4. berichtet worden.

Bahnhof Hasselfelde (Bild 11.25.)
Der Endbahnhof Hasselfelde, am Kilometer 40,6 eingerichtet, verfügt über einen Lokomotivschuppen mit Kohlebansen, einen Wasserkran sowie eine Ladestraße. Der Bahnhof dient seit 1946 der Harzquer- und Brockenbahn als Endbahnhof. Alle Anlagen der ehemaligen Gernrode-Harzgeroder Eisenbahn sind noch in Betrieb.

Bild 11.23. Anschlußstelle Albrechtshaus.   *Quelle: BBA*

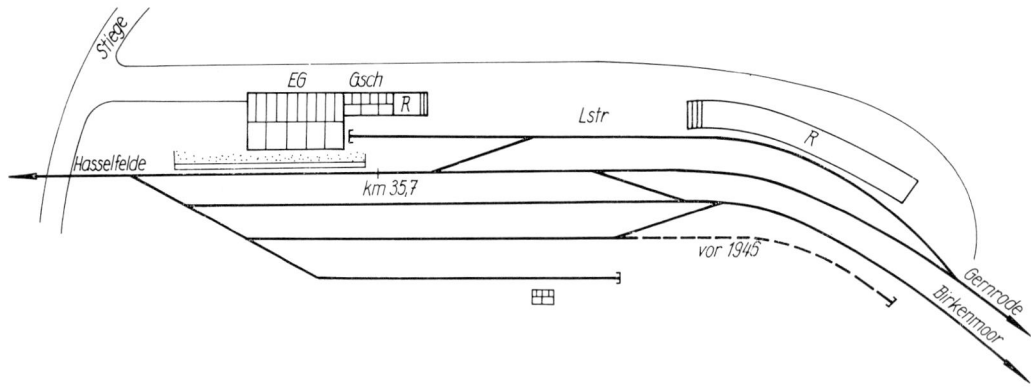

Bild 11.24. Bahnhof Stiege.   *Zeichnung: Röper*

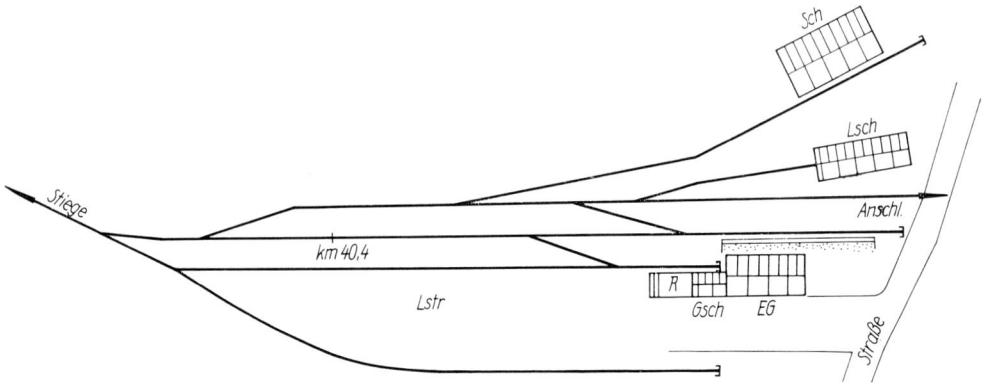

Bild 11.25. Bahnhof Hasselfelde.   *Zeichnung: Röper*

Anschlußstelle Buchholz (Bild 11.26.)

Das zum Sägewerk Buchholz führende Gleis schließt im Bahnhof Hasselfelde an Gleis 4 an. Es liegt in einer Neigung von 1:30 und hat eine Gesamtlänge von 387 m bei einer Nutzlänge von 128 m. Das Anschlußgleis ist hinter dem Tor des Sägewerkes mit einer Gleissperre versehen. Die Schlüssel werden im Fahrdienstleiterraum des Bahnhofs Hasselfelde aufbewahrt.

Bedient wird die Anlage von der Rangierabteilung des Bahnhofs Hasselfelde. Die maximale Geschwindigkeit beträgt 10 km/h. Der erste und letzte Wagen muß auf dem Anschlußgleis mit Radvorlegern gesichert werden. Bei jeder Fahrt sind die Bremsen anzuschließen. Die Anlage ist noch in Betrieb.

Verladestelle Birkenmoor (Bild 11.27.)

Die Holzverladestelle Birkenmoor liegt am Kilometer 2,8 (von Stiege) im Streckenabschnitt Stiege—Eisfelder Talmühle. Das Ladegleis von Birkenmoor war mit den in Grundstellung verschlossenen Weichen 1 und 2 an das durchgehende Hauptgleis angeschlossen. Die Nutzlänge betrug 64 Meter.

Um im Ladegleis stehende Wagen zu sichern, waren 50 Prozent der Handbremsen anzuziehen und in beiden Richtungen Radvorleger zu benutzen, die im Gepäckwagen mitgeführt werden mußten. Die Anschlußstelle wurde von Personen- und Güterzügen aus beiden Richtungen bedient. Die Schlüssel für Weichen und Sperren bewahrte der Fahrdienstleiter im Bahnhof Eisfelder Tal-

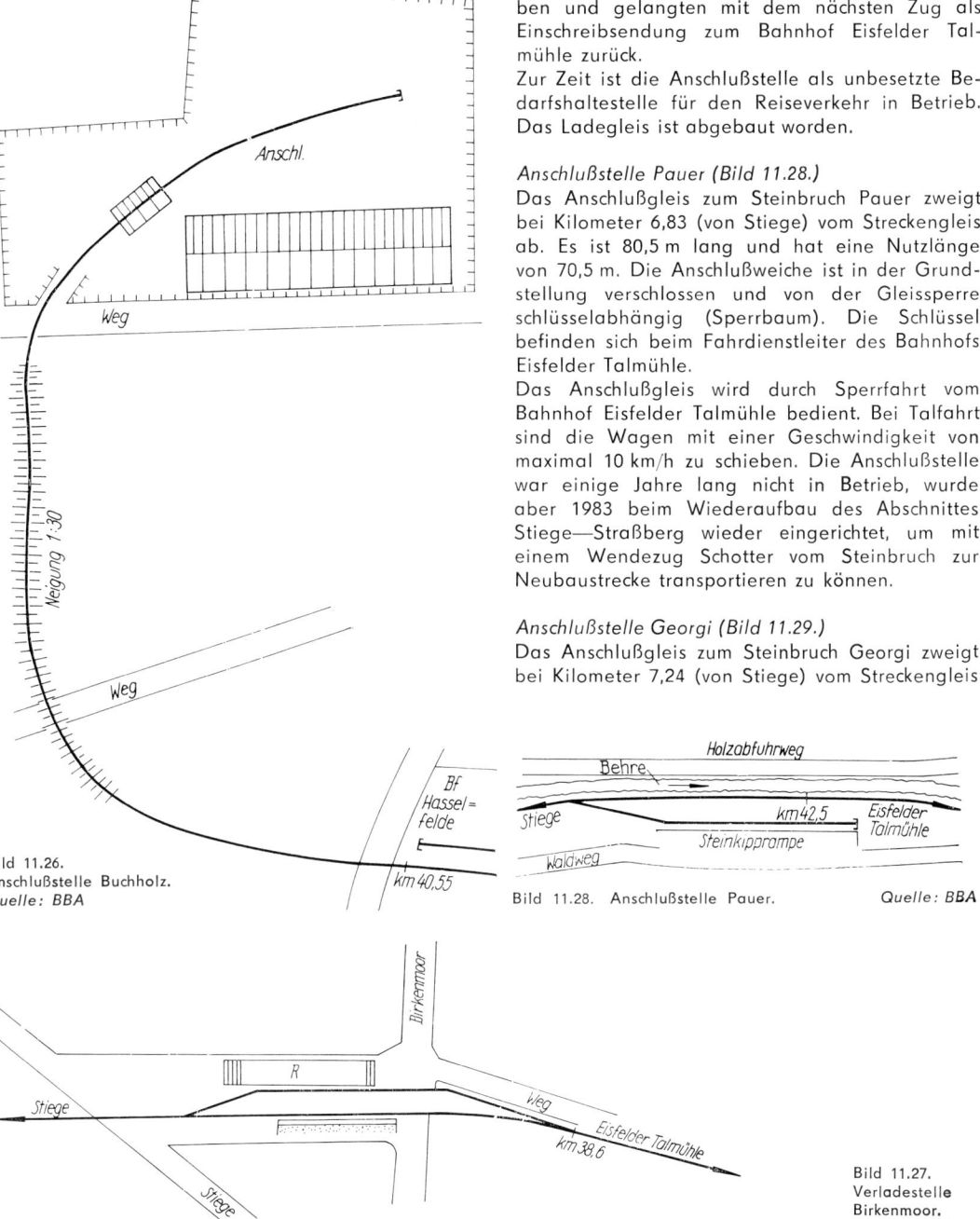

mühle auf. In Stiege wurden sie wieder abgegeben und gelangten mit dem nächsten Zug als Einschreibsendung zum Bahnhof Eisfelder Talmühle zurück.

Zur Zeit ist die Anschlußstelle als unbesetzte Bedarfshaltestelle für den Reiseverkehr in Betrieb. Das Ladegleis ist abgebaut worden.

Anschlußstelle Pauer (Bild 11.28.)

Das Anschlußgleis zum Steinbruch Pauer zweigt bei Kilometer 6,83 (von Stiege) vom Streckengleis ab. Es ist 80,5 m lang und hat eine Nutzlänge von 70,5 m. Die Anschlußweiche ist in der Grundstellung verschlossen und von der Gleissperre schlüsselabhängig (Sperrbaum). Die Schlüssel befinden sich beim Fahrdienstleiter des Bahnhofs Eisfelder Talmühle.

Das Anschlußgleis wird durch Sperrfahrt vom Bahnhof Eisfelder Talmühle bedient. Bei Talfahrt sind die Wagen mit einer Geschwindigkeit von maximal 10 km/h zu schieben. Die Anschlußstelle war einige Jahre lang nicht in Betrieb, wurde aber 1983 beim Wiederaufbau des Abschnittes Stiege—Straßberg wieder eingerichtet, um mit einem Wendezug Schotter vom Steinbruch zur Neubaustrecke transportieren zu können.

Anschlußstelle Georgi (Bild 11.29.)

Das Anschlußgleis zum Steinbruch Georgi zweigt bei Kilometer 7,24 (von Stiege) vom Streckengleis

Bild 11.26.
Anschlußstelle Buchholz.
Quelle: BBA

Bild 11.28. Anschlußstelle Pauer.   *Quelle: BBA*

Bild 11.27.
Verladestelle
Birkenmoor.
Quelle: BBA

Bild 11.29.
Anschlußstelle Georgi.
Quelle: BBA

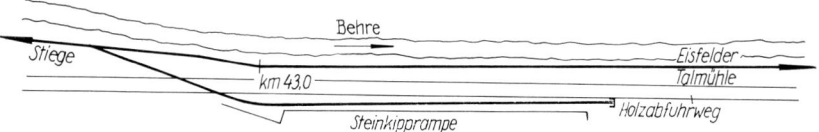

ab. Es ist 153 m lang und hat eine Nutzlänge von 146 m. Die Anschlußweiche ist in der Grundstellung verschlossen und von der Gleissperre (Sperrbaum) schlüsselabhängig. Über die Schlüssel verfügt der Fahrdienstleiter des Bahnhofs Eisfelder Talmühle.

Die Anschlußstelle wurde durch Sperrfahrt vom Bahnhof Eisfelder Talmühle bedient. Bei Talfahrt durften die Wagen mit einer Geschwindigkeit von maximal 10 km/h geschoben werden. Die Anschlußstelle ist nicht mehr in Betrieb.

Bahnhof Eisfelder Talmühle (Bilder 11.30. bis 11.36.)

Der ehemalige Gemeinschaftsbahnhof von GHE und NWE liegt am Kilometer 17,0 (von Nordhausen) der Nordhausen-Wernigeroder Eisenbahn, bzw. am Kilometer 8,6 (von Stiege) der Gernrode-Harzgeroder Eisenbahn.

Der Bahnhof war bis 1946 unterteilt in Anlagen der GHE, der NWE und in Anlagen für den Gemeinschaftsdienst. Da diese Betriebsstelle geradezu wie geschaffen erscheint, um als Modellanlage nachgebaut zu werden oder um Anregung

für ähnliche Vorhaben zu geben, sei auf die nachfolgende „Dienstanweisung für den Zug- und Rangierdienst auf Bahnhof Eisfelder Talmühle der Nordhausen-Wernigeroder Eisenbahn und Gernrode-Harzgeroder Eisenbahn. Gültig ab 1. April 1933" verwiesen.

Der Bahnhof ist noch in Betrieb, allerdings mit teilweise geänderten Gleisanlagen.

Bahnhof Nordhausen Nord

Der Bahnhof Nordhausen Nord ist der südliche Endbahnhof der Harzquerbahn, der ehemaligen NWE. Er hatte früher wenig Bedeutung für die Selketalbahn. Das hat sich ab 1984 geändert, weil seitdem vom Spurwechselbahnhof Nordhausen aus die Rollwagengüterzüge in das Selketal fahren. Hier sind auch die dazu benötigten schweren 1'E1'-Lokomotiven stationiert. Und da ab 1986 die Bahnhöfe Alexisbad und Harzgerode in den Rollwagengüterverkehr einbezogen werden sollten, was gleichbedeutend mit einem weiteren Ansteigen dieses Verkehrs war, wurden zugleich Gleisanlagenumbauten und -erweiterungen für Nordhausen geplant. So sollen z. B. noch

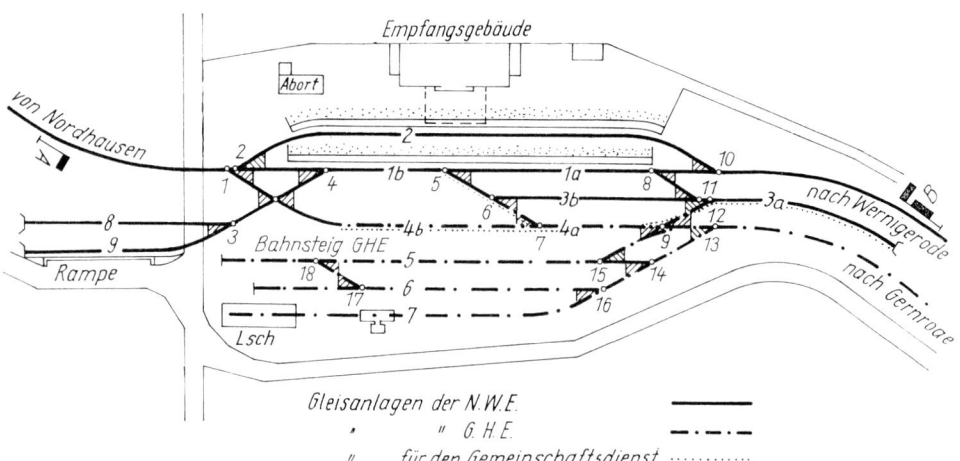

Bild 11.30. Bahnhof Eisfelder Talmühle.
　　　Quelle: Dienstanweisung für den Zug- und Rangierdienst auf Bahnhof Eisfelder Talmühle von 1932

eine zweite Rollwagengrube gebaut sowie ein dritter Personenbahnsteig eingerichtet werden. Auch die Strecke bis Eisfelder Talmühle will man durch Einbau weiterer Rückfallweichen und Wiedereinrichtung des Kreuzungsbahnhofs Netzkater durchlässiger gestalten.

I. Allgemeine Bestimmungen.

§ 1.

Wagenübergang.

1. Zwischen Nordhausen und Gernrode bezw. Hasselfelde und umgekehrt verkehren in bestimmten Zügen direkte Personen- und Gepäckwagen, welche auf Bahnhof Eisfelder Talmühle nach einer besonderen Fahrordnung (§§ 7 u. 8) von der einen Bahn auf die andere Bahn übergehen.

2. Welche Züge hierfür in Frage kommen, wird bei jedem Fahrplanwechsel bekannt gegeben.

3. Ferner werden Güterwagen von einer Bahn zur anderen überführt (§ 9).

§ 2.

Bezeichnung der dem Gemeinschaftsdienst usw. dienenden Anlagen.

1. **Dem Gemeinschaftsdienst** dienen folgende Anlagen:
Gleise 3a und 4b sowie die Weichen 5, 6, 7, 9 u. 12.

2. **Dem Betrieb der N. W. E.** dienen folgende Anlagen:
a) Gleise 1a, 1b, 2, 3b, 8 und 9.
b) Weichen 1, 2, 3, 4, 8, 10 und 11.

3. **Dem Betrieb der G. H. E.** dienen die
Gleise 4a, 5, 6 und 7 mit den Weichen Nr. 7, 9 und 13—18.

4. Ein Lageplan über die gesamten Anlagen befindet sich auf Seite 3.

§ 3.

Regelung des Dienstes und Bedienung der Weichen und Signale.

1. Maßgebend ist für alle auf Bahnhof Eisfelder Talmühle diensttuenden Angestellten diese Dienstanweisung.

2. Die Anlagen der N. W. E. mit den Hauptsignalen A und B 1/2 werden durch den Stationsbeamten der N. W. E., die Anlagen der G. H. E. durch Bedienstete dieser Bahn bedient.

3. Wird der Dienst der N. W. E. von einem Bediensteten der G. H. E. versehen, so tritt dieser in die Tätigkeit des Bediensteten der N. W. E. ein und umgekehrt.

Bild 11.31. Dienstanweisung für den Zug- und Rangierdienst auf Bahnhof Eisfelder Talmühle von 1932.

Bild 11.32.
Dienstanweisung für den Zug- und Rangierdienst auf Bahnhof Eisfelder Talmühle von 1932.

4. Das Rangiergeschäft auf den dem Gemeinschaftsdienst dienenden Anlagen wird im gegenseitigen Benehmen von den Bediensteten der überführenden Bahn besorgt, soweit der Gesamtdienst nicht von einem Bediensteten allein (s. Ziffer 3) versehen wird.

5. Die Leitung des Betriebes auf diesen Anlagen hat dann die N. W. E.

6. Für jeden Bahnhof (N. W. E. bezw. G. H. E.) bestehen besondere Bahnhofsdienstanweisungen.

§ 4.

Grundstellung der Weichen und Gleissperren.

1. Die Grundstellung der durch Handverschluß gesicherten Weichen 4, 7 und 11 sowie der Gleissperren I und II bestimmt freie Fahrt der Züge aus Richtung Nordhausen und Wernigerode.

2. Die Weichen und Gleissperren müssen von dem Fahrdienstleiter nach Benutzung wieder in Grundstellung gelegt und verschlossen werden (Handschlüssel im Kurbelwerk).

§ 5.

Einfahrt der Züge.

1. Die Fahrten der Züge regeln sich nach den Bahnhofsfahrordnungen. Die Züge der N. W. E. fahren auf die Signale A und B 1/2 ein.

2. Die Züge der G. H. E mit Uebergangswagen fahren ohne Signal in Gleis 4 a ein. Die Geschwindigkeit ist so zu ermäßigen, daß die Zuglokomotive vor Weiche 7 zum Halten kommt. Die übrigen Züge fahren ohne Signal über die Weichen 13, 14 und 15 in Gleis 5 ein.

3. Stehen bei der Einfahrt eines G. H. E. Zuges in Gleis 4 a Uebergangswagen im Gleise 4 b, so ist vor diesen vom Fahrdienstleiter der G. H. E. eine Haltescheibe (Signal 6 b) aufzustellen.

4. Nach der Abfahrt eines Zuges von Stiege, der in Gleis 4 a einfahren soll, dürfen in den Gleisen 4 a und 4 b Rangierbewegungen nicht mehr vorgenommen werden.

II. Besondere Bestimmungen für den Uebergang von Wagen von einer Bahn zur anderen.

§ 6.

Zugbildungspläne für Züge mit Uebergangswagen.

A. Gernrode-Harzgeroder Eisenbahn.

1. Richtung Stiege—Eisfelder Talmühle.

Die Züge sind ab Stiege in folgender Weise zusammenzustellen:

a) Lokomotive,
b) Uebergangs-, Personen- bezw. Gepäckwagen,

— 6 —

Bild 11.33. Dienstanweisung für den Zug- und Rangierdienst auf Bahnhof Eisfelder Talmühle von 1932.

c) Personen= und Gepäckwagen der G. H. E.,

d) Güterwagen.

2. Richtung Eisfelder Talmühle — Stiege.

Die Züge sind ab Eisfelder Talmühle in folgender Weise zusammen=
zustellen:

a) Lokomotive,

b) Gepäck= und Personenwagen der G. H. E.,

c) Güterwagen.

B. Nordhausen-Wernigeroder Eisenbahn.

Richtung Nordhausen—Eisfelder Talmühle bezw. umgekehrt.

In den Zügen der N. W. E. werden die Uebergangswagen von
Nordhausen am Schluß angebracht und von Eisfelder Talmühle nach
Nordhausen vorn in den Zug aufgenommen.

§ 7.

Fahrordnung für die Züge der Gernrode—Harzgeroder Eisenbahn.

A. Richtung Stiege — Eisfelder Talmühle.

Einfahrt der Züge in den Bahnhof.

1. Ohne Wagenübergang.

Der Zug der G. H. E. von Stiege fährt in Gleis 5 ein. Die Reisen=
den für Eisfelder Talmühle und Uebergang steigen aus bezw. um.

2. Mit Wagenübergang (Personen- und Gepäckwagen).

Der Zug der G. H. E. von Stiege fährt vorsichtig in Gleis 4a ein.
(Siehe § 5 Ziffer 2 und 3).

Die Zuglok hat hier so zu halten, daß die nach Nordhausen über=
gehenden Personen= und Gepäckwagen vor der Spitze der Weiche 7 stehen.
Hierauf wird die Zuglok abgekuppelt, die pfahlfrei nach Gleis 4b vor=
zieht. Die Uebergangswagen werden alsdann von der Zuglok des N. W. E=
Zuges aus Gleis 4a abgeholt und vor den in Gleis 1 oder 2 haltenden
Zug gesetzt.

B. Richtung Eisfelder Talmühle — Stiege.

Ausfahrt der Züge aus dem Bahnhof.

1. Ohne Wagenübergang.

Der Zug fährt aus Gleis 5 ab. Die Fahrgäste von Nordhausen
bezw. Wernigerode steigen um.

Bild 11.34.
Dienstanwei-
sung für den
Zug- und Ran-
gierdienst auf
Bahnhof Eis-
felder Talmühle
von 1932.

2. Mit Wagenübergang aus Richtung Nordhausen.

Die Zuglok der G. H. E. hält in Gleis 4a vor Weiche 7. Nach Einfahrt des Zuges von Nordhausen in Gleis 1a/1b fährt Lok nach Vorziehen des N. W. E.-Zuges in Gleis 1a über Weiche 7, 6 und 5 gegen die in Gleis 1b stehenden Uebergangswagen, fährt von hier ab oder setzt diese gegen den in Gleis 5 stehenden Zug nach Stiege und fährt aus diesem Gleis ab.

§ 8.

Fahrordnung für die Züge der Nordhausen—Wernigeroder Eisenbahn.

I. Richtung Eisfelder Talmühle—Nordhausen.

1. Die von den Zügen der G. H. E. in Gleis 4a abgesetzten Ueber-gangswagen werden in die Züge der N. W. E. vorn aufgenommen. Der Zug aus Richtung Wernigerode hat bei Einfahrt in Gleis 1a/b (Signal B 1) in Gleis 1 so zu halten, daß der erste hinter der Zuglok laufende Wagen pfahlfrei vor Weiche 5 steht. Die Lok der N. W. E. fährt über Weiche 5, 6, 7 gegen die in Gleis 4a stehenden Uebergangswagen (Per-sonen- und Gepäckwagen) und setzt diese gegen den Zug der N. W. E.

2. Bei Einfahrt des Zuges in Gleis 2 (Signal B 2) fährt die Zuglok der N. W. E. über Weiche 2 und 1 vor, holt die Uebergangswagen über Weiche 4—7 aus Gleis 4a nach Gleis 2 und setzt diese gegen den Zug der N. W. E.

II. Richtung Nordhausen—Eisfelder Talmühle.

Der Zug der N. W. E. aus Richtung Nordhausen mit Ueber-gangswagen am Schluß des Zuges hat in Gleis 1b so zu halten, daß diese Wagen vor der Spitze der Weiche 5 stehen. Nachdem die Wagen abgekuppelt sind, zieht der vordere Zugteil soweit vor, daß die Weiche 5 zum Befahren durch die G. H. E.-Lok frei ist. Diese holt alsdann nach der Vorschrift unter § 7 B 2 die Wagen aus Gleis 1b ab.

III. Richtung Wernigerode—Eisfelder Talmühle.

Der Zug der N. W. E. bringt die Uebergangswagen nach der G. H. E. am Schluß des Zuges. Nach der Einfahrt werden die Wagen in Gleis 1b soweit vorgezogen, daß die G. H. E.-Lok diese über Weiche 7, 6, 5 ab-holen kann.

§ 9.

Uebergabe von Güterwagen.

1. Die Uebergabe von Güterwagen erfolgt in den Gleisen 3a und 4b.

Gleis 3a dient zur Uebergabe von Wagen

von der G. H. E. nach der N. W. E.

Gleis 4b zur Uebergabe

von der N. W. E. nach der G. H. E.

Bild 11.35.
Dienstanwei-
sung für den
Zug- und Ran-
gierdienst auf
Bahnhof Eis-
felder Talmühle
von 1932.

— 8 —

2. Sollen Güterwagen bei einzelnen Zügen sofort übergehen, ist wie beim Uebergang von Personen- und Gepäckwagen zu verfahren. Die Güterachsen sind dann stets hinter den evtl. gleichzeitig zu überführenden Personen- und Gepäckwagen einzustellen.

§ 10.

Schlußbemerkungen.

Zu diesen Vorschriften wird bei jedem Fahrplanwechsel bekannt= gegeben, welche Züge für den Wagendurchgang in Frage kommen, sowie welche Züge der G. H. E. in Gleis 4 a einfahren.

Dessau und Wernigerode, im Dezember 1932.

Anhaltische Landeseisenbahn- gemeinschaft (für die Gernrode- Harzgeroder Eisenbahn)
Uflacker.

Die Direktion der Nordhausen-Wernigeroder Eisenbahn-Gesellschaft.
Scharnhorst.

Bild 11.36. Neue Ladestraße für Regelspurwagen in Straßberg 1985.   Foto: G. Zieglgänsberger

Bild 11.37. Lokomotive 99 5902 beim Wassernehmen in Alexisbad. *Foto: Röper*

Bild 11.38.
Bahnhof Eisfelder Talmühle 1985.
Zeicnnung: Röper

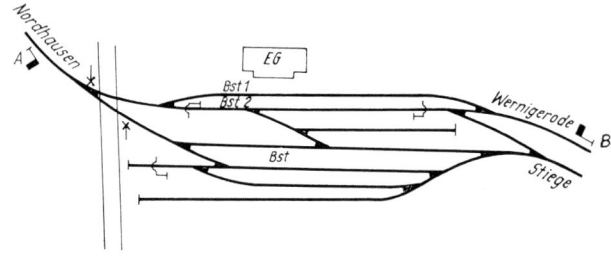

12. Der Kraftverkehr der GHE

Die Fahrpläne der ehemaligen GHE für die neunziger Jahre des vorigen Jahrhunderts enthielten bereits Hinweise auf Omnibusverbindungen zu den Zügen von und nach Hasselfelde. Das Wort Omnibus galt für pferdebespannte Personenfahrzeuge. Diese Pferdeomnibuslinien beförderten Reisende in die nicht von der Eisenbahn erfaßten Gebiete bzw. brachten sie von dort zu den Eisenbahnstationen heran. Beispielsweise

bestanden solche Omnibusverbindungen von Hasselfelde aus zur Josefshöhe, nach Stolberg und Wernigerode, zum Brocken sowie nach Rübeland. Die Fahrzeit von Hasselfelde bis nach Rübeland betrug anderthalb bis eindreiviertel Stunden. Diese „Zubringerbuslinien" wurden nicht von der GHE, sondern von privaten Unternehmen betrieben.

Im Jahre 1905 führte die Firma Büssing, Braun-

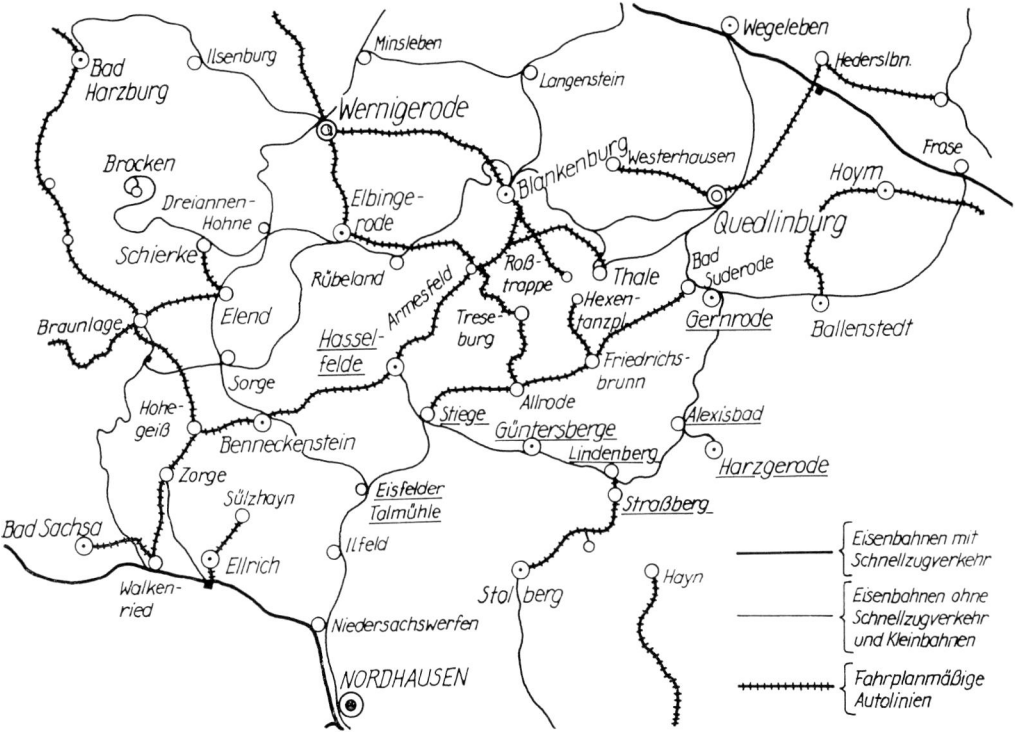

Bild 12.1. Kraftverkehrslinien im Harz 1929.   *Quelle: Reichsbahnzentrale für den Deutschen Reiseverkehr, Berlin*

schweig, in Bad Harzburg einen Kraftomnibus vor. Sein Motor leistete 15 kW (20 PS) und verlieh ihm eine maximale Geschwindigkeit von 30 km/h. Das Fahrzeug bot Platz für 25 bis 30 Personen. Noch im selben Jahr wurde die polizeiliche Genehmigung für das Einrichten der ersten Kraftomnibusverbindung im Harz erteilt. Sie führte von Bad Harzburg zum Radauwasserfall. Bald kamen weitere Linien hinzu, darunter einige für die Umgebung von Halberstadt. Der erste Weltkrieg unterbrach diese Entwicklung.

In den zwanziger Jahren entwickelten sich die Kraftomnibusse zu einer ernstlichen Konkurrenz für die Eisenbahn. So beschloß die GHE — wie auch andere Bahnen —, einen eigenen Kraftverkehr einzurichten. Für die Reisenden war es dabei von Vorteil, daß die Fahrpläne für den Strassen- und Schienenverkehr aufeinander abgestimmt werden konnten und die Omnibusse bei Verspätungen der Bahn warteten.

Am 24. Februar 1925 eröffnete die GHE ihren eigenen Kraftverkehr, im Hinblick auf die Betriebsführung jedoch zunächst einmal mit Beteiligung der Kraftfahrzeuglinien der Ostharzbahnen GmbH. Wie rasch das Netz der „fahrplanmäßigen Autolinien" anwuchs, verdeutlicht Bild 12.2.

h) Kraftverkehr der Gernrode-Harzgeroder Eisenbahn.
Leitung: Bahnhof Harzgerode (Ruf 17).

1. Harzgerode-Alexisbad-Ballenstedt-Gernrode.

Mo	W<	S				Mo	W<	S
6^{00}	10^{25}	20^{50}	ab ↓	**Harzgerode** (Bahnhof) . . .	↑ an	8^{00}	14^{00}	23^{30}
6^{12}	10^{38}	21^{04}	„	**Alexisbad** (Bahnhof)	„	7^{48}	13^{48}	23^{18}
6^{26}	10^{51}	21^{17}	„	**Mägdesprung** (Bahnhof) . .	„	7^{34}	13^{34}	23^{04}
6^{51}	|	|	„	**Ballenstedt** (West-Bahnhof) .	„	7^{09}	|	|
—	11^{22}	21^{46}	an	**Gernrode** (Bahnhöfe)	ab	—	13^{05}	22^{35}

S verkehrt jeden Sonn- und Festtag. **Mo** verkehrt jeden Montag. **W<** verkehrt im Juli und August werktäglich.

2. Harzgerode-Königerode-**Abberode**-Schielo-**Harzgerode.**
Jeden Mittwoch.
Weitere Wagen nach und von Schielo vergl Abteilung 3.

Harzgerode (Bahnhof)	↓ ab	10^{30}	—	15^{20}
Abberode (Gasth. Rausche)	„	11^{18}	—	16^{08}
Schielo (Gasth. Rennecke)	„	11^{38}	—	16^{28}
Harzgerode (Bahnhof)	an	12^{00}	—	16^{50}

Weitere Haltestellen: **Kirchenholz, Königerode, Abzweigung Braunschwende, Neues Schloß, Abzweigung Pansfelde, Molmerswende.**

3. Harzgerode-Schielo.
Jeden Mittwoch.
Weitere Wagen nach und von Schielo vergl. Abteilung 2.

6^{50}	17^{00}	—	ab ↓	**Harzgerode** (Bahnhof)	↑ an	7^{30}	17^{40}	—
7^{07}	17^{17}	—	an	**Schielo**	ab	7^{13}	17^{23}	—

4. Harzgerode—Neudorf—Stolberg.

	W<	b	W<	b				W<	b	b	
}8^{40}	9^{30}	10^{15}	14^{03}	15^{10}	•17^{00}	—	ab **Harzgerode** (Bahnhof) . . an	10^{22}	12^{36}	×16^{50}	•17^{36}
}8^{58}	|	10^{33}	14^{19}	15^{28}	•17^{16}	—	an Neudorf (Gold. Lowe) . . . ab	10^{02}	12^{18}	×16^{32}	|
}9^{00}	9^{48}	10^{35}	14^{21}	15^{30}	•17^{18}	—	an **Neudorf** (Pension Krause) ab	9^{56}	12^{16}	×16^{30}	•17^{20}
}9^{54}	—	—	}15^{15}	—	—	—	an **Stolberg** (Bahnhof) . . . . ab	—	}11^{15}	}15^{35}	—

Weitere Haltestellen: **Abgang Hayn, Abgang Straßberg, Auerberg, Stolberg** (Markt).

W< verkehrt im Juli u. August werktäglich. } verkehrt im Juli u. August jeden **Fr.**
• verkehrt vom 8. Juni bis 31. August jeden **Sa.** × verkehrt im Juli u. August werktäglich.
b verkehrt im Mai, Juni u. ab 1 September jeden **Fr.**

5. Harzgerode-Alexisbad-Siptenfelde-Güntersberge-Friedrichsbrunn.
Verkehrt im Juli u. August jeden Sonnabend, in der Zeit vom 15. V. bis 30. VI. und ab 1. IX. 35 verkehrt der Kraftwagen nur zwischen Harzgerode und Güntersberge.

8^{45}	14^{40}	ab	**Harzgerode** (Bahnhof)	an	10^{52}	17^{30}
9^{00}	14^{58}	↓	**Alexisbad** (Bahnhof)	↑	10^{40}	17^{18}
9^{13}	15^{13}		**Siptenfelde** (Gasthof zum Bär)		10^{22}	17^{00}
9^{28}	15^{55}		**Güntersberge** (Bahnhof)		10^{09}	16^{45}
9^{48}	16^{15}	an	**Friedrichsbrunn** (Kurhaus)	ab	9^{50}	16^{20}

Bild 12.2. Fahrplan des Kraftverkehrs der GHE vom Sommer 1935.
Quelle: Taschenfahrplan der RBD Hannover, Sommer 1935

In der Folgezeit nahm der Reiseverkehr über die Schiene vor allem aufgrund der Weltwirtschaftskrise bei der GHE so rapide ab, daß sie sich 1932 veranlaßt sah, die Buslinien Harzgerode—Gernrode und Harzgerode—Ballenstedt einzurichten. 1933 übernahm die GHE von der Ostharzbahnen GmbH die Konzession für 112,8 km Buslinienverkehr, darunter sogar unrentable Strecken, um das Eindringen fremder Unternehmen in das Konzessionsgebiet zu verhindern. Gleichzeitig kaufte sie von der Firma MAN für 25 000 RM einen neuen Omnibus mit Anhänger, die zusammen 42 Sitzplätze boten.

Im Eisenbahnfahrplan der GHE wurden nun mehrere Züge durch Kraftomnibusse ersetzt. Parallel dazu brachte die GHE 1933 den Schienenomnibus T 1 in Fahrt, um die unwirtschaftlich gewordene Personenbeförderung mit Dampfzügen zu kompensieren. Obwohl er wirtschaftlich günstige Ergebnisse erbrachte, konnte man sich nicht zum Kauf eines zweiten Schienen-Triebwagens entschließen. Statt dessen beschaffte die GHE einen weiteren Straßenomnibus.

1938 wurden auf den Kraftverkehrslinien der GHE 96 000 Personen befördert. Es bestanden die Linien

Harzgerode—Gernrode
Harzgerode—Neudorf
Harzgerode—Abberode
Harzgerode—Ballenstedt
Harzgerode—Güntersberge
Harzgerode—Silberhütte
und zusätzlich im Sommerbetrieb
Harzgerode—Stolberg sowie
Güntersberge—Friedrichsbrunn.

Den Bussen hatte man werbewirksame Namen wie „Selkesilber" gegeben. Sie waren leicht als bahneigen zu erkennen, denn an den Einstiegen trugen sie die bei den Eisenbahnen üblichen Zuglaufschilder.

Bis zum Jahre 1941 bestellte die GHE noch drei weitere Busse mit je 42 Sitzplätzen. Damit hätte

Bild 12.3. Linienbus der GHE im Jahre 1934. Der Kennzeichenbuchstabe A steht für „Anhalt". Im Hintergrund die Lokomotive „Alexisbad".
Sammlung Frenzel

Bild 12.4. Omnibus „Selkesilber" der GHE im Jahre 1936.

Sammlung Frenzel

Bild 12.5. Zum Fahrzeugpark der GHE gehörten auch Lastkraftwagen, die z. T., wie die Abbildung zeigt, auch beim Schneeräumen eingesetzt wurden. Die Aufnahme entstand nach 1936. *Sammlung Frenzel*

die Bahn sieben Omnibusse in Betrieb gehabt, doch im weiteren Verlaufe des Krieges mußte die GHE zwei Busse an die Wehrmacht abgeben und zwei Busse ins Ruhrgebiet entsenden. Die rest-

lichen Fahrzeuge waren überaltert, ein Bus mußte sogar ausgemustert werden. Damit kam der Omnibusverkehr beinahe zum Erliegen.

Auch der von der GHE eingerichtete Lkw-Verkehr zum Transport des Reisegepäcks und von Expreßgut konnte nach Abgabe von zwei Wagen an die Wehrmacht nicht mehr aufrecht erhalten werden. Der Krieg verhinderte zudem den geplanten Einsatz von Culemeyer-Rollern, auf denen den Mitteldeutschen Leichtmetallwerken in Harzgerode, die einen Gleisanschluß abgelehnt hatten, Güterwagen zugestellt werden sollten.

Nach dem Krieg kamen die in das Ruhrgebiet abgegebenen Busse zurück, so daß 1946 schließlich wieder vier Busse, ein Lkw und für die Direktion ein Personenkraftwagen zur Verfügung standen. Noch im selben Jahr trennte Eisenbahndirektor Uflacker den Bahnbetrieb vom Kraftverkehr. Letzterer bestand als eigenständiges Unternehmen weiter. Später übernahm der VEB Kraftverkehr Werkstatt, Garage und einige Busse von diesem Betrieb.

13. Die Werkstätten der Selketalbahn in Gernrode

(Nach Angaben von F. Schnelle)

Sie waren im jetzigen Lokschuppen und dem südlich davon gelegenen Gebäude untergebracht. Sie setzten sich zusammen aus
Lokwerkstatt mit Meisterbüro, Dreherei und Schmiede (heute Lokschuppen),
Wagenwerkstatt mit eigener Schmiede und angeschlossener Zimmermannswerkstatt (heute Gebäude südlich des Lokschuppens) und
Malerwerkstatt, untergebracht im Gebäude der Wagenwerkstatt.
Zu den Werkstätten gehörte auch der Schuppen für den Triebwagen T 1, nordöstlich vom Lokschuppen gelegen. Auf dem Werkstattgelände standen zudem mehrere ausrangierte Güterwagenkästen, die als Geräte- und Materiallager dienten. Für die Arbeiten stand hier auch ein kleiner Eisenbahndrehkran zur Verfügung.

Die Lokomotivwerkstatt
Von den sechs Lokständen in der Halle dienten die zwei südlich gelegenen als Reparaturstände. Daneben hatte man die eigentliche Schlosserwerkstatt eingerichtet, ausgestattet mit einer langen Werkbank und Schraubstöcken, einer Hebelblechschere und einem Autogenschweißgerät. In der Dreherei standen eine Radsatzdrehbank, zwei Spitzendrehbänke, eine Hobelmaschine (Shaping), eine Schmirgelscheibe und eine Ständerbohrmaschine. Angetrieben wurden die Maschinen von einer Einzylinder-Dampfmaschine mit liegendem Zylinder und stehendem Dampfkessel über Deckentransmissionen und Treibriemen.
Die Schmiede bestand aus Esse und Amboß, einer kleinen Werkbank mit Schraubstock und mehreren Gießpfannen zum Ausgießen von Achslagern.
An der Nordwand der Lokhalle und in der Dreherei waren die Umkleidespinde für das Werkstattpersonal zu finden. In dem nordöstlichen, turmartigen Aufbau über dem Meisterbüro war ein

Behälter für das Kesselspeisewasser der Dampfmaschine untergebracht. Über der Schmiede gab es den gleichen Aufbau, der als Materiallager diente, in dem Armaturen und Gleitlager aufbewahrt wurden. Der Raum war über eine Wendeltreppe zu erreichen.
Die Lokwerkstatt erledigte alle erforderlichen Reparaturen und Wartungsdienste. Sie führte die kleinen und großen Untersuchungen durch, übernahm das Auswaschen der Loks sowie die kurzfristige Beseitigung von Federbrüchen und dichtete Kesselluken und Siederohre ab.
In der Dreherei wurden auf der Radsatzdrehbank nicht nur die abgefahrenen Laufflächen der Lok- und Wagenachsen mit neuem Profil versehen, sondern auch neue Radbandagen und die großen Lokachslager ausgebohrt. Auf den Spitzendrehbänken stellte man u. a. Schrauben und Bolzen her und drehte auch Wagenachslager aus.
Die Schmiede erledigte alle anfallenden Schmiedearbeiten für die Lokomotivwerkstatt. Dazu gehörten das Anstauchen von Bolzen- und Schraubenköpfen sowie das Feuerverschweißen von Pufferbolzen und kleineren Rundprofilen. Hier wurden auch die Lagermetallspiegel der großen Lokomotivlager gegossen und die Blattfedern gespreizt.

Die Wagenwerkstatt
Sie umfaßte ein Reparaturgleis mit daneben aufgestellter Werkbank, eine Schmiede und eine Hobelbank für den Zimmermann. Die Wagenwerkstatt übernahm die kleinen und großen Untersuchungen und die Wartung des gesamten Wagenparks. Dazu gehörten das Auswechseln von Bremsklötzen, das Nachstellen der Bremsen und auch das Abschmieren von Zügen, die auf dem Bahnhof zur Abfahrt bereit standen.

Die Malerwerkstatt
Sie war neben der Wagenwerkstatt eingerichtet

worden und verfügte über ein eigenes Reparaturgleis. Hier erledigte ein Maler alle erforderlichen Arbeiten.

Heute werden hier nur noch kleinere Reparatur- und Wartungsarbeiten durchgeführt. Größere Durchsichten und Reparaturen erledigen das Bahnbetriebswerk Wernigerode sowie die Ausbesserungswerke Görlitz (Loks) und Wittenberge (Wagen).

1939 gehörten zum Werkstattpersonal einschließlich der Lokführer und Heizer etwa 25 Personen. Sie haben mit hohem persönlichen Einsatz unter nicht immer einfachen Arbeitsbedingungen mit dem z. T. veralteten Maschinenpark die Lokomotiven und Wagen einsatzbereit gehalten.

Quellen

Archiv der Reichsbahndirektion Magdeburg, Kleinbahnakte.
Breuer/Rösel/Schulla: Wiederaufbau der Schmalspurstrecke zwischen Straßberg und Stiege. In: „Signal und Schiene", H. 3, Berlin 1984.
Der Harz, Nr. 13/14, Wernigerode 1985.
Der Harz. Vereinsblatt des Harzclubs, Quedlinburg 1892 bis 1932.
Eisenbahn-Jahrbuch 1974, Berlin 1974.
Gernrode-Harzgeroder Eisenbahn. Sonderdruck aus „Industrie-Bibliothek", Bd. 10, Berlin 1927.
Historisches Staatsarchiv Oranienbaum. Kreisbehörde Ballenstedt, Nr. 348 bis 353. Sitzungen des Aufsichtsrates und Generalversammlungen.
Holzborn/Kieper: Dampflokomotiven, Berlin 1968.
Informationstagung Oberbau und Strecken, Erzeugnisgruppenverband Gleisanlagenbau, Magdeburg 1971.
Lüttke/Foth: Betriebsdienstliche Bestimmungen für den Einsatz von Rückfallweichen. In: „Eisenbahnpraxis", 27. Jg., H. 3, Berlin 1983.
„modelleisenbahner", H. 8, Berlin 1986.
Nesnau/Mühlhaus: Rekonstruktion von Gewölbebrücken auf einer Schmalspurstrecke mit 1 000 mm Spurweite. In: „Signal und Schiene", H. 3, Berlin 1984.
Schmale Spur mit großem Effekt. In: „Der Morgen" vom 2. Dezember 1983.
Schmidt: Bahnhof Stiege mit Wendeschleife. In: „Fahrt Frei", Nr. 26, Berlin 1982.
Schube/Rösel: Wiederaufbau der Strecke Straßberg (Harz)—Stiege. In: „Eisenbahnpraxis", 27. Jg., H. 4, Berlin 1983.
Schultz-Niborn: Die Eisenbahnen im Herzogthum Anhalt bei Beginn des 20. Jahrhunderts, Magdeburg 1900.
Staatsarchiv Magdeburg, KD Blankenburg, K6a3ll, P22i1ll, 3218, P22il.
Staatsarchiv Magdeburg, G. K. Bernburg, E 34.
Stadtarchiv Alsleben. Korrespondenz mit der Firma Vering & Wächter, Kleinbahnakte.
Stadtarchiv Gernrode, Geschäftsberichte der GHE.
Stadtarchiv Harzgerode, Geschäftsberichte der GHE 1888—1911.
Stephan: Von Straßberg nach Stiege. In: „Liberal-Demokratische Zeitung", Halle, vom 3. Oktober 1983.
Urbas: Rückfallweichen bei der Deutschen Reichsbahn. In: „Signal und Schiene", H. 4, Berlin 1980.
„Wernigeröder Tageblatt", Wernigerode, div. Jahrgänge.
„Wilde Roberts" machen Dampf. In: „Der Morgen", Berlin vom 2. Juli 1985.
Zeitschrift für das gesamte Local- und Straßenbahnwesen, Hannover, Berlin, Hamburg 1887, 1888, 1889.
Darüber hinaus gaben zahlreiche ehemalige Eisenbahner der GHE wertvolle Auskünfte, Hinweise und Informationen, vor allem die Herren Apel und Hintze (Gernrode), Becker (Alexisbad), Merkel und Schnelle (Berlin), Schwarze (Straßberg) und Trenkel (Opperode).